재밌어서 밤새 읽는
한국사 이야기 1

재밌어서 밤새 읽는

한국사 이야기 1

선사 시대에서 삼국 시대까지

박은화(재밌는이야기역사모임) 지음

더숲

　현재 우리가 사는 모습은 어느 날 갑자기 만들어진 것이 아니다. 먼 옛날 무서운 동물들과 싸우며 목숨을 지켜야 했던 원시 시대의 조상들로부터 우리의 할아버지 할머니 세대까지 수없이 많은 사람이 현실에 적응하는 과정을 거쳐 지금의 모습이 만들어졌다. 아주 오랜 시간 무수히 많은 사람의 노력 끝에 시행착오와 수정, 보완이라는 과정을 통해 오늘이 만들어진 것이다.

　그러한 우리의 선조들이 살아온 흔적 하나하나가 바로 역사다. 즉 역사란 어렵고 이해하기 힘든 책 속의 공부가 아니라 사람들이 살아온 발자취를 말한다. 그리고 그 발자취는 과거에 머물러 있는 옛것만을 의미하지는 않는다. 역사가 '옛날이야기'인 것은 맞지만 지금의 우리에게 끊임없이 영향을 주고 있으니, 비록 과거의 사실이라 해도 우리가 오늘을 살아가는 데 대단히 중요한 역할을 한다고 할 수 있다.

　이것이 역사를 배우고 익힐 것을 강조하는 이유다. 역사를 알아야 현재를 알 수 있고, 그래야 미래를 설계할 수 있다.《재밌어서 밤새 읽는 한국사 이야기 1》에서는 그런 역사의 출발점이라고 할 수 있는 선사 시대부터 고조선과 여러 나라를 거쳐 삼국 시대의 이야기까지 살펴본다. 아득히 먼 옛날의 사실이지만 우리 민족의 생활과 역사가 바로 이 시기, 이 땅에서 시작되었다는 점을 상기하며 우리의 기원을 생각해 볼 수 있는 이야기가 전개된다.

이 책을 통해 역사란 과거 속에 갇힌 옛것이 아니라 지금의 나를 만든 의미 있는 흔적이라는 사실을 기억하며, 모두가 역사 앞에 당당히 설 수 있기를 바란다.

차례

한국사와 세계사를 한눈에 읽는 연표

동양사	한국사(선사 시대~삼국 시대)	서양사

기원전 70만 년경 **구석기 문화**

기원전 1만 년경 중국, **신석기 문화**

기원전 8000년경 **신석기 문화**

기원전 3500년경 **메소포타미아 문명 시작**

기원전 3000년경 **이집트 문명 시작**

기원전 2500년경 **중국 문명 시작**
인더스 문명 시작

기원전 2333 **고조선 건국(《동국통감》기록)**

기원전 2000~1500년경 **청동기 문화**

기원전 1750년경 **바빌로니아, 함무라비 법전 편찬**

기원전 1600년경 중국, **상 왕조 성립**

기원전 11세기경 중국, 상 멸망, 주 건국

기원전 770 중국, **주의 동천, 춘추 전국 시대 시작**(~기원전 221)

기원전 753 **도시 국가 로마 건국**

기원전 563 인도, **석가모니 탄생**

기원전 539 **바빌로니아, 페르시아에 멸망**

기원전 492 **페르시아 전쟁** (~기원전 479)

기원전 431 **펠로폰네소스 전쟁**(~기원전 404)

기원전 400년경 **철기 문화**

기원전 334 **마케도니아, 알렉산드로스의 동방 원정**(~기원전 323)

기원전 272년경 **로마 제국, 이탈리아 통일**

기원전 264 **포에니 전쟁**(~기원전 146)

기원전 256 중국, **주 멸망**

기원전 221 **진, 중국 통일**

기원전 202 중국, **한 건국**(~220)

기원전194 **위만, 고조선 왕에 즉위**

기원전 141 중국, **한 무제 즉위** (~기원전 87)

동양사	한국사(선사 시대~삼국 시대)	서양사
기원전 139 장건의 서역 원정(~기원전 126년경)		
	기원전 108 고조선 멸망, 한나라가 한4군 설치	
		기원전 73 스파르타쿠스의 노예 반란
	기원전 57 박혁거세, 신라 건국(《삼국사기》기록)	
	기원전 37 주몽, 고구려 건국(《동국통감》기록)	
		기원전 27 로마 제국, 제정 시작
	기원전 18 온조, 백제 건국(《동국통감》기록)	
	3 고구려, 국내성으로 천도	
8 중국, 왕망이 신 건국(~23)		
25 중국, 후한 건국		
		30년경 크리스트교 성립
	42 김수로, 금관가야 건국(《동국통감》기록)	
220 중국, 후한 멸망, 위·촉·오의 삼국 시대 시작(~280)		
226 사산 왕조 페르시아 건국		
304 중국, 5호 16국 시대 시작(~439)		
4세기경 일본, 야마토 정권 수립	313 고구려, 낙랑군 축출	313 밀라노 칙령
		325 니케아 공의회
	346 백제, 근초고왕 즉위(~375)	
	372 고구려, 불교 전래	
		375 게르만족의 이동 시작(~568)
		380 로마 제국, 크리스트교를 국교로 공인
	384 백제, 불교 전래	
	391 고구려, 광개토 대왕 즉위(~412)	
		395 로마 제국, 동서로 분열
	413 고구려, 장수왕 즉위(~491)	
	427 고구려, 평양성으로 천도	
	433 나제 동맹 성립(~533)	
439 중국, 북위의 화북 통일, 남북조 시대 시작(~589)		
	475 고구려, 백제 한성 점령 백제, 웅진으로 천도	

동양사	한국사(선사 시대~삼국 시대)	서양사
		476 서로마 제국 멸망
		486년경 프랑크 왕국 건국
	497 부여, 고구려에 복속	
500년경 인도, 힌두교 성립	503 신라, 국호와 왕호 정함	
	514 신라, 법흥왕 즉위(~540)	
	527 신라, 불교 공인	
		529 동로마 제국, 《유스티니아누스 법전》 편찬
		537 아야 소피아 성당 건립
	538 백제, 사비로 천도	
	540 신라, 진흥왕 즉위(~576)	
	562 신라, 대가야 정복	
581 중국, 수 건국(~618)		
589 수, 중국 통일	598 고구려, 수나라 제1차 침략	
610년경 무함마드, 이슬람교 성립		
	612 고구려, 수나라 제2차 침략(살수 대첩)	
618 중국, 당 건국(~907)		
622 헤지라(이슬람교의 원년)		
645 일본, 다이카 개신	645 고구려, 안시성 전투 승리	
	647 신라, 비담의 난	
651 사산 왕조 페르시아, 이슬람 제국에 멸망	660 백제 멸망	
661 이슬람 제국, 우마이야 왕조 성립	668 고구려 멸망	
	670 나당 전쟁(~676)	
	676 신라, 삼국 통일	

창녕 신라 진흥왕 순수비

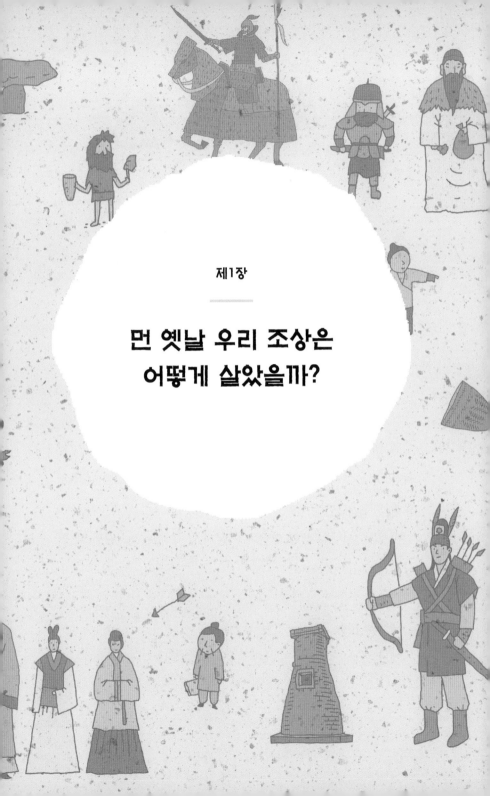

제1장

먼 옛날 우리 조상은
어떻게 살았을까?

밑바닥이
뾰족한 그릇에 어떻게
음식을 담았지?

옛날 사람들은 어떻게 살았을까? 가끔 이런 궁금증이 생긴다. 사실 옛날 사람들의 생활 모습을 가장 잘 알 수 있는 방법은 기록을 보는 것이다. 옛날 역사책이나 왕들이 남긴 사료 등 여러 자료를 보면 사람들의 생활 모습을 알 수 있다. 그런데 기록이 남아 있지 않은 시대의 생활 모습은 어떻게 알 수 있을까? 이런 때 활용하는 것이 유물이다.

세울 수 없는 그릇? - 빗살무늬 토기

옛날 사람들이 남긴 물건을 유물이라고 한다. 유물에는 사람들

기원전 4천 년 무렵의 것으로 추정되는 빗살무늬 토기. 서울시 암사동에서 출토된 것이다(그림 1).

이 사용하던 도구나 일상 용품이 많은데 그중 눈에 띄는 것으로 빗살무늬 토기가 있다.

토기란 흙을 구워 만든 그릇으로, 그 표면에 빗금을 친 듯한 무늬가 있어 '빗살무늬 토기'라고 부른다. 그런데 이 토기의 독특한 점은 그릇의 밑바닥이 뾰족하게 생겼다는 것이다. 그릇의 밑을 뾰족하게 만들어 세워 놓을 수도 없는데 어떻게 음식을 담은 것일까?

그 답은 빗살무늬 토기를 사용한 사람들이 살던 장소에 있다. 빗살무늬 토기를 사용한 사람들은 주로 강가에 살았다. 강가 주변의 흙을 생각해 보자. 강물이 빈번하게 흘러들어 오다 보니 진흙이 많고 땅의 높이가 제각각이어서 울퉁불퉁하다. 걸을 때마다 발이 빠진다.

그런 땅 위에 그릇을 올려놓는다고 상상해 보자. 우리가 일반적으로 사용하는 밑이 평평한 그릇을 놓으면 평편하지 않고 쑥쑥 들어가는 땅 때문에 삐딱하게 놓이거나 옆으로 쓰러질 것이다. 반면에 밑이 뾰족한 그릇은 땅 위에 올려놓지 않고 그냥 꽂아 두면 된다. 진흙이다 보니 꽂기도 쉽고 땅에 꽂으면 옆으로 쓰러지지 않아 안정적이다. 이런 이유로 강가에 살던 사람들은 밑이 뾰족한 빗살무늬 토기를 사용한 것이다.

구석기인과 신석기인의 생활

그렇다고 옛날 사람들이 모두 빗살무늬 토기를 사용한 것은 아니다. 즉 옛날 사람들이 모두 강가에 살지는 않았다는 뜻이다. 사람들이 강가에 거주한 이유는 강물이 필요했기 때문이고, 그것은 농사를 짓기 위해서였다. 그래서 빗살무늬 토기가 발견된 장소에서는 농사지은 흔적을 찾아볼 수 있다. 말하자면 농사를 지으려면 물이 필요하므로 어쩔 수 없이 강가에 살았던 것이다.

하지만 인류가 처음부터 농사를 지은 것은 아니다. 농경은 수준 높은 기술을 필요로 하는 생활 방식으로 농경 생활 이전에 인

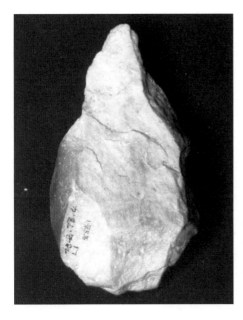

연천 전곡리 유적에서 출토된 주먹 도끼. 경기도에 있는 이 구석기 시대 유적은 1978년 우리나라에 주둔하고 있던 미군이 처음 발견했는데, 3천 점 이상의 석기가 출토되었다(그림 2).

류는 나무 열매를 따 먹거나 동물을 사냥하며 지냈다. 그럼 나무 열매가 많고 동물이 많은 곳은 어디일까? 바로 산이다.

사람들은 산속에서 채집이나 사냥을 하며 살았다. 채집이나 사냥은 혼자 할 수 없기에 여럿이 무리 지어 다니면서 생활했다. 그리고 더 이상 나무 열매를 구할 수 없으면 다른 곳으로 이동했다. 자주 옮겨 다녀야 하므로 당시 사람들에게는 집은 물론이거니와 그릇 등의 살림도 필요 없었다. 잠은 동굴에서 자는 것이 가장 편했고, 도구는 사냥이나 채집에 필요한 날카로운 무기 정도면 충분했다. 그들이 사용한 도구는 손에 쥘 수 있는 도끼 모양의 돌,

화살이나 칼 모양의 날카로운 돌 등이다. 이런 도구들이 뗀석기이고, 뗀석기를 사용한 사람들이 구석기인이다.

항상 이동하며 불안정하게 식량을 구해야 했던 구석기인과는 달리 한곳에 정착하여 살던 사람들을 신석기인이라고 부른다. 신석기인은 구석기인과 마찬가지로 돌로 도구를 만들었지만 모양과 만드는 과정이 훨씬 섬세하고 복잡했다. 구석기인이 필요에 따라 돌을 쪼개거나 납작하게 만들어 날카로운 면을 사용했던 것과 달리 신석기인은 돌을 용도에 맞게 갈거나 깎아 정교하게 만들었다. 이 도구들을 간석기라고 한다.

신석기인이 구석기인과 달리 정착하여 살 수 있었던 이유는 농사를 짓게 되어 이동하지 않고도 식량을 구할 수 있었기 때문이다. 농사를 지은 신석기인은 돌로 농기구를 만들고 수확한 것을 보관하기 위한 그릇, 즉 토기를 만들었다. 또한 한곳에 머물러 살아야 했기에 집을 지었다.

인류의 발달 – 농사를 짓기까지

인류의 발달을 이야기할 때 구석기인 다음으로 신석기인을 언급하다 보니 사냥이 귀찮아진 구석기인이 바로 농사를 지은 것으로 생각한다. 하지만 인류가 농사를 짓게 되기까지는 엄청나게 긴 시간이 걸렸다.

우리나라에서 구석기의 시작은 약 70만 년 전이고, 신석기의 시작은 약 1만 년 전이라고 한다. 다시 말해 우리나라에서 인류가 살았던 시간의 70분의 69는 구석기 시대고, 나머지 70분의 1이 신석기 시대부터 현재에 해당한다. 우리가 알고 있는 고조선, 신라, 고려, 조선, 대한민국의 모든 역사가 그 70분의 1이라는 시간 안에 촘촘히 붙어 있는 셈이다. 이렇듯 구석기 시대는 우리가 상상하는 것보다 훨씬 길다.

그 기나긴 시간 동안 사냥과 채집을 하며 자연 속에서 동물과 지내던 인류가 드디어 정착하여 농사를 짓게 되었을 때 얼마나 감격스러웠을까? 그저 독특하게 보일 뿐인 빗살무늬 토기는 인류의 그런 감격 속에 만들어진 그릇이다.

우리나라에서 가장 오래된 인류 화석 흥수아이

한반도에는 언제부터 사람이 살았을까? 그 해답은 흥수아이를 통해 유추해 볼 수 있다.

1983년 석회석 광산을 찾기 위해 산을 헤매던 김흥수 씨는 충청북도 청원군 두루봉 동굴 속에서 사람의 뼈를 발견했다. 키가 110~120센티미터가량 되는 어린아이의 뼈였는데, 이 뼈는 지금까지 우리나라에서 발견된 온전한 사람의 뼈 가운데 가장 오래된 것으로 구석기 시대의 유골로 추정된다. 이것을 발견자의 이름을 붙여서 '흥수아이'라고 부른다.

흥수아이는 3~4세쯤 되는 어린아이로 추정되며, 뼈 주변에 고운 흙이 뿌려져 있고 국화가 놓였던 흔적으로 보아 가족이 장례를 치러 준 것으로 보인다. 현재까지 흥수아이 이전의 유골 흔적은 발견되지 않고 있어 한반도에서는 구석기 시대부터 사람이 살았던 것으로 생각되고 있다.

단군은 정말 1908세까지 살았을까?

우리나라 건국 신화를 보면 최초의 국가는 고조선이고 고조선을 세운 사람은 단군이다. 단군의 건국 신화는《삼국유사》와《제왕운기》등의 책을 통해 전해지고 있으며 그 내용은 다음과 같다.

건국 신화 속 숨은 역사적 의미

하늘에는 환인이라는 신이 살고 있었다. 환인의 아들 환웅이 땅을 살피러 잠시 지상에 내려왔을 때 곰과 호랑이가 환웅을 찾아와 사람이 되고 싶다고 했다. 환웅은 100일 동안 햇빛을 보지 않고 쑥과 마늘만을 먹으며 버티면 사람이 될 수 있다고 알려 주

《삼국유사》〈고조선조〉(왼쪽)와《제왕운기》.《삼국유사》는 우리나라 고대사의 체계를 수립하는 데 매우 중요
하며 특히《삼국유사》〈고조선조〉는 우리 역사를 '반만년 역사'라고 하는 근거가 된다.《제왕운기》는 우리나
라와, 중국의 역사를 5언시와 7언시로 지은 역사책이다. 둘 다 몽골의 간섭을 받던 고려 충렬왕 시기에 민족
의식을 갖고 썼였다(그림 3, 4).

었다.

곰과 호랑이는 그 말에 따라 동굴로 들어가 쑥과 마늘을 먹으
며 지냈는데, 견디지 못한 호랑이는 중간에 뛰쳐나가고 곰은 끝
까지 버텨 여자인 웅녀가 되었다. 웅녀는 환웅과 결혼하여 아들
을 낳았고, 그 아들이 단군이다. 단군은 비, 바람, 구름의 신을 데
리고 하늘에서 내려와 나라를 세웠으며 약 1천 년 동안 나라를
다스리다가 산신이 되었다. 그때 나이가 1908세였다고 한다.

이상이 지금까지 전해져 오는 단군 신화의 대략적인 내용이다.
책마다 내용이 조금씩 다르고 단군이 통치한 기간 역시 1,028년
부터 1,500년까지 다르지만 전체적인 내용은 비슷하다. 단군 신
화의 내용은 지극히 비현실적이다. 곰이 사람이 될 수 없을뿐더

러 그 아들이 나라를 1천 년 넘게 다스렸다는 것은 도저히 있을 수 없는 일이다. 그래서 사람들은 단군 신화는 허구며 실제 있었던 일이 아니라고 생각한다.

사실 많은 건국 신화를 보면 거짓말 같은 이야기가 대부분이다. 늑대의 젖을 먹고 자랐다는 로마를 세운 로물루스 신화, 달걀 속에서 태어나 1만 8천 년 동안 잠만 자다가 갑자기 성장해 나라를 세웠다는 중국 반고 신화, 남매 신 이자나기와 이자나미가 결혼하여 셀 수 없이 많은 신을 낳았다는 일본의 신화까지 많은 건국 신화가 현실에서는 일어날 수 없는 이야기들이다.

이처럼 거짓말 같은 건국 신화지만 그렇다고 모두 근거 없는 허황된 이야기가 아니다. 단군 신화에 나오는 곰과 호랑이는 동물을 가리키는 것이 아니라 곰과 호랑이를 믿는 부족을 뜻한다. 옛날 부족들은 힘이 센 동물을 수호신으로 섬기는 경우가 많았다. 곰과 호랑이가 동굴로 들어갔으나 호랑이는 사람이 되기를 포기하고 곰은 참아 냈다는 것은, 곰과 호랑이를 믿는 부족 간 대결에서 곰을 믿는 부족이 승리했다는 의미다. 또한 당시에는 부족끼리 연합하는 일이 잦았는데 환웅과 웅녀가 결혼을 한 것은 하늘을 믿는 부족과 곰을 믿는 부족의 연합을 의미한다.

그렇다면 단군이 1천 년 넘게 나라를 다스리고 1908세까지 살았다는 건 어떤 뜻일까? 여기에서 핵심은 단군은 사람 이름이 아니라는 것이다. 어려서부터 '단군 할아버지'라는 말을 자주 듣다 보니 많은 사람이 단군을 사람 이름으로 생각하는데, 단군은 이름이 아니라 직위를 가리킨다. 다시 말해 단군이 1천 년 넘게 고조선을 통치했다는 것은 단군 직위를 지닌 지도자가 1천 년 이상 고조선을 다스렸다는 뜻이며, 단군 역할을 한 지도자는 당연히 계속 바뀐 것이다. 단군이 직위의 명칭이었다는 사실만 알면 단군의 통치 기간과 나이가 거짓말이 아님을 알 수 있다. 단군이 1908세까지 살았다는 것은 단군이라는 직위가 1,908년간 존재했다는 의미다. 말하자면 고조선과 단군에 관한 건국 신화는 거짓말이 아니라 사실에 바탕을 둔 비유적 표현인 셈이다.

고조선 사회의 특징

편의상 단군이라는 호칭을 사용하지만 책 속에 기록된 정확한 명칭은 단군왕검이다. 그렇다면 단군왕검은 무슨 뜻일까? 단군이란 제사를 지내는 '단'(제단)의 '군'(군주) 즉 제사장을 뜻하는 말이고, 왕검이란 정치를 담당하는 지도자인 왕을 뜻한다. 고조선 사회를 단군왕검이 통치했다는 것은 고조선 사회의 지도자는 제사를 주관하는 제사장의 역할과 정치를 담당하는 왕의 역할을 동시에 했다는 의미다. 이와 같이 제사와 정치를 한 사람이 담당하는 사회를 '제정일치 사회'라고 부른다.

일부 책에 기록된 건국 신화에는 단군이 하늘에서 내려올 때 청동 거울, 청동 검, 청동 구슬을 가져왔다는 내용이 있다. 그것은 단군이 나라를 세운 때는 청동이 가장 귀한 시기, 곧 청동기를 사용한 시기였다는 뜻이다.

또한 고조선에는 8개 조의 법이 있었다고 하는데, 현재는 "사람을 죽인 자는 즉시 죽인다. 남에게 상처를 입힌 자는 곡식으로 갚는다. 도둑질을 한 자는 노비로 삼는데 용서받고자 하는 자는 한 사람당 50만 전을 내야 한다"라는 3개 조만 전해진다. 이 법 조항을 통해서 고조선 사람들의 생활 모습을 알 수 있다.

사람을 죽인 자를 즉시 죽인다는 것으로 보아 사람의 목숨을 소중히 여겼으며, 상처를 입혔다면 곡식으로 갚으라는 내용을 통해 농사를 중시하는 사회였다는 사실을 알 수 있다. 노비가 등장하는 것으로 보아 신분 제도가 있는 사회였으며, 용서받고 싶으면 50만 전을 내야 한다는 내용을 통해서는 돈이 사용되고 개인의 재산이 중시되는 사회였음을 추측할 수 있다.

그 나라의 특징이 담긴 건국 신화

건국 신화가 허황된 이야기의 형태를 띠고 있는 것은 나라를 세운 사람을 일반인이 아닌 특별한 사람처럼 보이게 하기 위한 의도 때문이다. 나라를 세운 사람의 입장에서는 자신을 신적 존재로 만들어 주는 이야기가 싫지 않았을 것이고, 후손의 입장에서는 나라를 세운 사람이 특별한 존재일수록 나라가 특별해지고 단합하기에도 좋았을 것이기에 건국 신화 속에는 과장과 허구가 들어가기 마련이다.

하지만 건국 신화 속에는 엄청나게 많은 사실이 숨어 있다. 건국 신화의 과장과 허구는 나라를 세울 때의 사실을 근거로 만들어지므로 신화를 곰곰이 들여다보면 그 나라의 특징을 알아낼 수 있다. 많은 사람이 신화에 관심을 갖고 신화를 분석하는 이유가 여기에 있다. 다른 나라의 건국 신화를 읽을 때 그 신화 속에 어떤 사실이 숨어 있을지를 생각해 보면 재미가 더욱 커질 것이다.

단군 신화가 기록된 《삼국유사》

　《삼국유사》는 고려 시대 스님 일연이 고구려, 백제, 신라 삼국의 역사를 모아 기록한 책으로 우리나라 역사책 가운데 최초로 단군의 건국 신화를 수록하고 있다. 일연이 《삼국유사》를 저술한 고려 충렬왕 때 우리나라는 몽골의 지배를 받고 있었는데, 그 어느 때보다 자긍심이 필요하던 시기인 만큼 민족의 힘을 한데 모으고자 《삼국유사》를 썼을 가능성이 높다.

일연 초상. 고려 최고의 승려로 인정받아 국존(국사)이 되었다. 고려 조정에서는 경상북도 군위에 있는 인각사를 수리하고 토지를 주어 말년의 일연이 그곳에 머물게 했는데 이 초상은 인각사에 있다(그림 5).

《삼국유사》는 전문 학자가 아닌 스님이 쓴 책이기에 증명되지 않은 떠도는 이야기나 전해 내려오는 전설도 많이 담겨 있다. 하지만 다른 역사서에는 없는 자료가 실려 있어 역사적 가치가 높은 책이라 할 수 있다. 단군의 건국 신화 외에도 신라 시대 고유의 시가인 향가가 열네 편이나 실려 있는 소중한 역사서인《삼국유사》는 부산시 금정구 범어사에 보존 중이다.

'눈에는 눈, 이에는 이' 함무라비 법전

1901년 프랑스 유적 발굴대는 페르시아만 북쪽에 있는 옛 도시 수사(현재 이란의 슈시)에서 우연히 돌기둥 하나를 발견했다. 높이 2.5미터, 둘레 1.8미터나 되는 거대한 돌기둥은 발견 당시 세 토막으로 나뉘어 있었다. 돌기둥을 연결해 보니 윗부분에는 왕이 태양신으로부터 법전을 받는 모습이 조각되어 있고 그 아래에는 못이나 화살처럼 뾰족뾰족하게 생긴 무늬가 가득 채워져 있었다. 처음에는 그 무늬가 무엇인지 알지 못했지만 오랜 연구 끝에 글자라는 사실을 밝혀냈다. 그리고 글자를 해독한 결과 돌기둥에 기록된 것은 바빌로니아의 함무라비 왕이 만든 법, 즉 '함무라비 법전'이라는 사실을 알게 되었다.

20세기까지 함무라비 법전은 세계 최초의 성문법으로 알려져 있었다. 하지만 여러 고고학 유물이 발견되면서 현재는 우루남무 법전이 함무라비 법전보다 300년 정도 앞선 세계 최초의 성문법이라고 한다. 그리고 우루남무 법전 외에 비슷한 다른 법전이 존재할 것으로 생각되고 있다. 그럼에도 여전히 사람들의 관심

이 돌기둥에는 관세, 무역, 혼인과 이혼, 채권과 채무 등에 관한 판례법이 282개 새겨져 있다. 페르시아의 엘람 왕조는 함무라비 법전을 전리품으로 가져가 수도 수사의 신전에 전시했다(그림 6, 7).

은 함무라비 법전에 가장 많이 쏠리고 있다. 그 이유는 함무라비 법전이 지닌 확실하면서도 통일된 법체계 때문이다.

함무라비 왕은 고대 바빌로니아 왕국의 전성기를 이끈 왕으로 알려져 있는데, 그 시기는 기원전 18세기 정도로 추정된다. 바빌로니아는 오늘날의 이란, 이라크, 터키가 만나는 서아시아 지역에 있던 나라로 기원전 1595년 히타이트에 의해 쫓겨날 때까지 번영을 누렸다. 이 지역은 세계 4대 문명 중 메소포타미아 문명의 발상지로 일찍부터 국가가 생기면서 통치에 필요한 체계적인 법률이 발생한 것으로 알려져 있다.

그 법률 가운데 하나가 함무라비 법전이다. 함무라비 법전은 보존 상태가 양호한 덕분에 모두 해독되어 고대 서아시아 지역의 사회상을 온전히 파악할 수 있는 소중한 문화유산이다. 법전에는 모두 282개의 법 조항이 있는데 주요 내용은 다음과 같다.

제1조   남을 사형에 처해야 한다고 고발한 자가 이를 입증하지 못할 때 고발인을 사형에 처한다.

제195조 아들이 그의 아버지를 때렸을 때에는 그 손을 자른다.

제196조 자유인의 눈을 뺀 자는 그 눈을 뺀다.

제198조 천민의 눈을 빼거나 뼈를 부러뜨린 자는 은 1마누를 바쳐야 한다.

제203조 자유인이 자유인의 뺨을 때리면 은 1마누를 바쳐야 한다.

제204조 천민이 천민의 뺨을 때리면 10시클을 바쳐야 한다.

제205조 노예가 자유인의 뺨을 때리면 그의 귀를 자른다.

제282조 노예가 주인에게 '내 주인이 아니다'라고 말하면, 주인은 자기 노예임을 입증하고 그 귀를 자를 수 있다.

법의 내용을 보면 고대 바빌로니아 사회는 철저한 신분제 사회로, 신분에 따라 법 적용이 달랐음을 알 수 있다. 그리고 대부분의 사회가 그렇듯 신분이 높은 사람에 대한 처벌은 관대한 반면 신분이 낮은 사람에 대한 처벌은 가혹했다. 이렇게 법을 신분에 따라 차등 적용하는 까닭은 당시의 법이 지배층 통치의 편의를 위해 존재했기 때문이다. 민주주의 사회에서는 갈등 해결과 약자 보호를 위해 법이 존재하지만, 초기 사회의 법은 왕이나 귀족 등 지배층을 위해 존재했다. 함무라비 왕이 만든 법 역시 지배층의 통치 논리에 따라 제정되었다고 볼 수 있다.

함무라비 법전을 통해 다른 지역에서는 찾아보기 어려운 고대 바빌로니아 사회의 독특한 점을 발견할 수 있다. 그것은 "자유민의 눈을 뺀 자는 그 눈을 뺀다"라는 제196조가 말해 주는, 가해자가 저지른 잘못을 고스란히 돌려주는 복수주의 원칙이다. 함무라비 법전의 이 특징은 '눈에는 눈, 이에는 이'라는 표현으로 오늘날에도 남아 있다.

오늘날의 관점에서 보면 함무라비 법전이 갖고 있는 복수주의는 미개한 법철학에 불과하다. 그러나 이 복수주의 원칙을 적용한 이유가 처벌을 위한 것이 아니라 범죄 예방을 위한 것으로 이해한다면 나름 그 기능을 다했을 것으로 생각해 볼 수 있다. 그런 의미에서 함무라비 법전은 당시로서는 선진적인 사회 안전망이었을지도 모른다.

왜 청동기 시대에
문명이
시작되었을까?

우리나라 최초의 국가 고조선은 청동기 시대에 세워졌다. 비단 우리나라뿐 아니라 전 세계 대부분 지역의 최초의 국가는 청동기 시대에 탄생했다. 또한 세계 4대 문명을 비롯한 최초의 문명 역시 청동기 시대에 발생했다. 대체 청동기 시대는 어떤 시대였을까?

문명의 발달을 이끈 청동

인류의 생활을 변화시키는 가장 중요한 요인은 바로 도구다. 현대인의 생활이 불과 100년 사이에 크게 달라진 까닭은 이전에는 없던 자동차, 컴퓨터, 스마트폰 등 다양한 도구의 사용인 것이다. 마찬가지로 옛날에도 새로운 도구가 만들어지면 그로 인해 생활이 급변했는데, 그 변화를 일으킨 결정적인 도구가 바로 청동기다.

청동이란 '푸른색 구리'라는 뜻이다. 원래 구리는 붉은색을 띠는 금속으로 주로 지표면 가까이 묻혀 있어 다른 금속에 비해 발견하기가 쉽다. 하지만 구리는 금속이라고는 하나 너무 물러 변형되기 쉽다는 결정적 단점이 있어 도구로 사용하는 데에 한계가 있다. 이 단점을 극복하기 위해 사람들은 구리에 주석을 섞어 사용했는데, 이 두 가지를 섞으면 푸른빛이 돌기 때문에 이를 '청동'이라 부른다.

청동의 사용은 사람들의 생활에 커다란 변화를 가져왔다. 그리고 그중 가장 큰 변화를 불러온 것은 바로 청동 무기다. 청동으로 만든 칼은 돌로 만든 칼과는 비교가 안 될 정도로 강력해, 청동 무기를 사용하는 사람들은 돌 무기를 사용하는 사람들과의 전쟁에서 손쉽게 승리하여 그들을 지배할 수 있었다. 이 때문에 청동기 시대에는 지배하는 사람과 지배당하는 사람, 즉 신분이 생겨났다.

구석기와 신석기 시대의 무기가 동물을 사냥하는 용도로만 사용된 반면 청동으로 만들어진 정교한 무기는 전쟁에 사용되었고,

전쟁에서 이긴 부족은 진 부족을 지배하며 신분이 높은 지위를 얻게 되었다. 이 과정에서 부족이 합쳐지고 무리를 이루는 사람의 수가 늘어나자, 무리를 통솔할 대표자가 필요해졌고 그 대표자가 바로 왕이 되었다. 즉 청동기 시대에 이르러 이전에는 없던 신분과 왕이 등장하고 국가가 생겨난 것이다. 이렇게 국가가 탄생하여 왕의 지휘 아래 성을 쌓고 길이 생기고 법과 질서가 만들어지면서 문명이 형성되었다.

한반도에서 청동기가 사용되다

청동기는 누가 처음으로 사용했을까? 청동기를 누가 언제부터 사용했는지 정확하게 알 수는 없지만 우리나라에 청동기를 전해 준 민족은 스키타이로 알려져 있다. 스키타이는 중국 북부 초원에서 유럽까지 이동하며 유목 생활을 한 민족으로, 기마술과 청동기 사용 기술이 뛰어났다. 우리나라 사람들은 스키타이로부터 청동기를 전래받아 사용하면서 청동기 문화를 발전시켜 나갔다.

청동기의 대표적인 유물로는 청동 검과 청동 거울이 있다. 청동 검은 주로 전쟁에 사용되고 청동 거울은 제사에 사용되었다. 거울이라고 해서 오늘날의 거울처럼 투명한 것이 아니라 청동기를 반질반질하게 만든 것인데, 제사 지낼 때 빛을 반사시키는 용

전라남도 화순군 대곡리에 있는 유적에서 출토된 초기 철기 시대의 청동기. 1971년 대곡리에서 청동 유물을 사들인 엿장수가 신고하여 국보로 지정되었다. 왼쪽 끝은 세형동검, 그 옆은 청동 거울이다(그림 8).

도로 이용했을 것으로 추측된다.

처음에는 스키타이를 통해 북방에서 청동기를 전래받아 사용했으나, 기술이 발달하면서 우리 민족은 청동기를 직접 만들기 시작했다. 하지만 청동기 제작이 쉬운 일은 아니었다. 청동은 금속이기에 우선 고온에서 녹여 액체로 변한 것을 틀에 넣어 굳혀야 도구로 사용할 수 있다. 이렇게 청동기를 굳힐 때 사용하는 틀을 '거푸집'이라고 한다.

거푸집 안에 녹인 청동을 부어 단단해지면 거푸집을 뜯어내는 방식으로 청동기를 제작했는데 우리나라에서는 거푸집이 많이 발견되고 있다. 이는 우리나라에서 청동기가 그만큼 많이 만들어졌다는 사실을 보여 주는 증거다.

우리 조상이 만든 청동기는 스키타이가 전해 준 것보다 질과 성능이 한층 뛰어나다. 대표적인 유물은 세형동검인데, 북방에서 전래된 비파형 동검이 넓고 둔한 칼날을 지닌 데 반해 세형동검은 칼날이 가늘고 날렵하다. 또 북방에서 전래된 '거친 무늬 거울'보다 좀 더 다듬어지고 세련된 '잔무늬 거울'이 제작되는 등 우리나라의 청동기 제작 기술은 점차 발전해 갔다.

청동기가 가져온 변화

청동기 시대는 청동기를 사용하는 사람과 사용하지 못하는 사람 사이의 구분이 확실한 시대였다. 청동은 돌처럼 누구나 쉽게 구할 수 있는 재료가 아니었다. 구리와 주석을 채취하여 적정 비율로 섞어 고온에서 녹인 다음 틀에 부어 제작해야 하는 청동기는 소수의 사람만이 사용할 수 있었다.

청동기를 사용하는 소수는 사회의 지배층이 되어 청동기를 사용하지 못하는 사람들을 지배했다. 돌을 사용한 석기 시대까지는 평등하던 사회가 지배자와 피지배자로 나뉘는 계급 사회로 바뀐 것이다. 이 지배자들 중 일부는 귀족이 되고 그중 대표자는 왕이 되면서 국가가 탄생했다.

인류 역사의 가장 중요한 틀이 된 국가의 탄생과 문명의 발생은 모두 청동기 시대에 이루어졌다. 그만큼 청동기의 사용은 인류 역사 발전에 있어 중요한 요소다.

그때 세계는

오늘날 유럽의 모습을 만든 페르시아 전쟁

고대 사회는 영토 분쟁이 잦고 당연히 더 많은 땅을 차지하기 위한 전쟁이 자주 발생했다. 그러한 전쟁 중 오늘날 서양 사회의 발전에 크나큰 영향을 준 사건 하나가 페르시아 전쟁이다. 페르시아 전쟁은 아테네를 중심으로 한 도시 국가 연합국인 그리스와 서아시아의 최강국 페르시아가 맞붙은 전쟁이다.

페르시아와 그리스는 에게해를 사이에 두고 위치해 있어 지리적으로 가까웠다. 그러나 두 나라는 국가 형태나 정치에 있어 다른 점이 많았다. 페르시아는 강력한 왕이 중심이 되어 넓은 영토를 통치하는 전형적인 왕권 중심 국가인 반면, 그리스는 도시 국가 수십 개로 이루어진 연합국이다. 그리스에는 나라 전체를 통치하는 왕이 없고 도시마다 서로 다른 지도자가 서로 다른 정치를 펼쳤으며, 그 가운데 가장 크고 강력한 도시 국가가 아테네와 스파르타였다.

그리스와 페르시아 중 먼저 성장한 나라는 페르시아다. 기원전 6세기 중반에 등장한 페르시아의 군주 다리우스 왕은 주변 지역을 정복하며 땅을 넓혀 나갔으며, 그 과정에서 힘이 약한 몇몇 그리스 도시 국가가 페르시아의 식민지로 전락했다. 이에 그리스의 많은 도시 국가는 페르시아를 경계했다. 유럽 지역으로까지 영토를 확장하고자 한 다리우스 왕은 그리스 반도로 진격했고, 이를 그리스 도시 국가들이 막아서면서 발생한 전쟁이 페르시아 전쟁이다.

페르시아는 수만 명을 이끌고 아테네와 그리스 반도를 공격했다. 아테네는 여러 도시 국가에 지원군을 요청했지만 전쟁 준비가 되어 있지 않은 도시 국가 대부분은 지원군을 보내지 못했다. 특히 아테네와 더불어 그리스를 대표하는 도시 국가이자 군사력이 가장 강한 스파르타가 종교 축제 중이라 지원군을 보내지 못하면서 아테네는 불리한 국면에 놓이고 말았다.

하는 수 없이 아테네는 병력 1만 명으로 페르시아군 2만 5천 명과 싸워야만 했다. 아테네와 페르시아 군대가 맞붙은 곳은 마라톤 평원이다. 마라톤 평원은 너무 넓어 수적으로 불리한 아테네가 페르시아와 싸워 이기기 힘든 곳이었다. 아테네의 총사령관 밀티아데스는 정면으로 맞붙지 않고 골짜기에 숨어 있다가 새벽에 기습 공격을 했다. 모두가 잠들어 있는 새벽, 갑작스레 아테네군의 공격을 받은 페르시아군은 당황했으나 곧 전열을 정비하고 아테네에 반격을 가했다.

　페르시아의 공격에 아테네군은 물러났고 사기가 오른 페르시아군은 거세게 몰아붙였다. 그러나 그것은 아테네의 작전이었다. 아테네군을 쫓아 페르시아군이 좁은 계곡으로 들어서자 매복해 있는 아테네의 정예 부대가 양쪽에서 공격했고, 놀란 페르시아군은 우왕좌왕 흩어지며 도망가기 바빴다. 이 전투에서 페르시아군은 군사 6,400여 명을 잃었지만, 아테네군은 전사자가 불과 200여 명에 그치며 대승을 거두었다.

　아테네 총사령관 밀티아데스는 이 기쁜 소식을 한시라도 빨리 알리려고 가장 빨리 달리는 병사 한 명을 뽑아 아테네로 보냈다. 병사는 쉬지 않고 아테네로 달려가 승리 소식을 전하고는 숨을 거두었다. 확실한 기록은 없지만 후대 사람들이 마라톤 전투에서의 승리 소식을 전하고 숨진 병사를 기리기 위해 장거리를 달리는 종목인 마라톤을 만들었다는 이야기가 전해진다.

하지만 페르시아는 공격을 멈추지 않았다. 다리우스 왕의 아들 크세르크세스는 더 많은 군대를 이끌고 그리스를 공격했다. 도시 국가 30여 개가 참여한 그리스 동맹이 결성되고 육군 지휘권은 스파르타가, 해군 지휘권은 아테네가 맡았다. 스파르타는 페르시아 육군과 테르모필레에서 격전을 벌였으나, 스파르타 왕을 비롯한 정예 부대 300명 모두 전사하며 패하고 말았다. 한편 아테네는 살라미스 해전에서 승리하며 또다시 페르시아로부터 그리스를 지켜 냈다. 그 뒤에도 그리스와 페르시아 사이에는 크고 작은 전투가 이어지다가 평화 협정이 맺어지며 전쟁은 종결되었다.

페르시아 전쟁은 그리스는 물론 유럽 역사에 크나큰 영향을 미친 사건이다. 페르시아의 공격을 막아 냄으로써 그리스는 자신의 문화와 민주주의 정치를 지킬 수 있었다. 특히 전쟁 후 전성기를 맞은 아테네를 중심으로 전개된 그리스 문화는 유럽 문화의 기원이 되었다. 만약 그리스가 전쟁에 패해 페르시아의 식민지가 되었다면 아마도 오늘날 유럽의 모습은 지금과 다를 것이다.

페르시아 전쟁 후 아테네의 영향력이 커진 점은 그리스 사회에 변화를 몰고 왔다. 페르시아 전쟁 승리에 가장 공이 큰 아테네는 주변 도시 국가들과 동맹을 맺고 강한 힘을 과시했다. 반면 스파르타를 비롯하여 아테네의 독주가 못마땅한 도시 국가들은 새로운 동맹을 만들어 아테네를 견제했다. 페르시아의 침략에 맞서 하나로 뭉쳤던 그리스의 도시 국가들이 서서히 분열되기 시작한 것이다. 페르시아 전쟁에서의 승리로 아테네와 그리스는 전쟁 직후 전성기를 맞았으나, 결국 그리스는 도시 국가 간 전쟁으로 힘이 약화되다가 마케도니아의 알렉산드로스 대왕에게 멸망당하고 말았다.

이 모든 변화의 출발점은 페르시아 전쟁이다. 페르시아 전쟁은 영토의 변화뿐만 아니라 역사의 변화까지 가져온 중요한 사건이다.

철기와 함께 등장한 위만이 고조선의 왕을 몰아냈다고?

고조선의 역사를 보면 위만이라는 사람이 등장하여 고조선의 왕을 몰아내고 스스로 왕이 되어 통치했다는 기록이 있다. 편의상 위만이 통치한 고조선을 '위만 조선'이라고 부르는데, 과연 이 나라는 어떤 나라였을까?

위만이 한반도로 오다

중국 북쪽에 살고 있던 위만이 진나라에서 한나라로 교체되는 중국의 혼란기에 1천여 명을 이끌고 고조선으로 건너왔다는 기록이 있다. 위만이 고조선으로 올 때 상투를 틀고 고조선 사람과 같은 옷을 입었다는 것으로 보아 본디 중국 사람이 아니고 중국 쪽에 살던 고조선 사람으로 추측된다.

위만이 고조선으로 넘어올 당시 고조선 왕 준왕은 위만을 신임하여 서쪽 변경 지역의 수비를 맡겼다. 그곳에서 주민들의 신뢰를 받게 된 위만의 힘은 점차 커졌고, 결국 위만은 고조선의 수도 왕검성으로 쳐들어가 준왕을 몰아내고 왕이 되었다. 위만을 따르는 무리가 많았다고는 하나 그래 보았자 한 지역의 담당자인데 어떻게 왕을 몰아낼 수 있었을까? 그 비결은 철기의 사용이다.

청동기 문화를 바탕으로 세워진 고조선은 청동기로 만든 무기를 사용했다. 그런데 위만이 고조선으로 건너올 때 중국은 이미 철기를 사용하고 있었다. 따라서 위만은 중국에서 철로 만든 무기를 가져왔고, 그 무기 덕분에 청동기를 사용하는 준왕을 몰아내고 왕의 자리에 오를 수 있었던 것이다.

생활의 혁신 – 철기의 사용

나라마다 철기의 사용은 매우 중요한 의미를 지닌다. 철은 이전 시기에 사용된 돌이나 청동에 비해 훨씬 강하고 활용도가 높을 뿐만 아니라 현재까지도 가장 많이 사용되는 금속 중 하나다. 실제로 철기가 사용되면서 철을 다룰 줄 아는 민족과 그 방법을 모르는 민족의 발전 속도는 현저히 달라졌다. 이렇게 중요한 철기를 우리나라에서는 위만 조선 시대에 이르러 사용하기 시작했다. 철기의 사용이 중요한 까닭은 단순히 강력한 무기 때문만이 아니라 농업 생산량의 증가를 가져왔기 때문이다.

청동기 시대까지 농사를 지을 때는 돌을 사용했다. 구석기·신석기 시대에는 당연히 돌로 농기구를 만들었겠지만, 왜 청동기 시대에도 돌로 만든 농기구를 사용했을까? 청동의 특성 때문이다. 무른 성질의 구리에 주석을 섞어 단단하게 만든 청동이지만 딱딱한 땅을 파기에는 역부족이었다. 게다가 주석은 쉽게 구할 수 없는 금속이라 청동은 신분이 높은 사람만 사용할 수 있었다. 따라서 가난한 농민들은 청동기 시대에도 돌을 이용해 농사를 지을 수밖에 없었다.

그런데 철기가 사용되기 시작하자 모든 상황이 바뀌었다. 철은 돌이나 청동보다 훨씬 단단한 데다 쉽게 구할 수 있었다. 이에 가난한 농민들도 철로 만든 단단한 농기구를 마음껏 사용할 수 있었다. 견고한 농기구가 생기자 농업 생산량은 이전보다 많아졌고, 식량이 늘어나자 인구가 증가했다. 이토록 중요한 철이 우리나라에서는 위만 조선 때부터 사용되기 시작한 것이다.

위만 조선은 왜 멸망했을까

철기의 사용으로 위만 조선은 빠르게 발전했다. 강력한 철제 무기를 앞세워 영토를 확장하고 왕권은 굳건해졌으며 식량 생산이 증대하면서 인구가 늘어났다. 게다가 위만 조선은 지리적으로도 발전하기 좋은 위치였다.

한반도 북쪽과 만주, 요령 지방을 차지하고 있던 위만 조선은 중국의 한나라와 한반도 남부 진나라의 중간에 자리했다. 항해 기술이 발달하지 않아 육지로만 무역을 한 이때 한나라와 진나라는 위만 조선을 통해야만 무역이 가능했다. 그러다 보니 중간에 위치한 위만 조선은 두 나라 사이에서 중계 무역을 하여 엄청난 경제적 이득을 보았다.

경제력을 바탕으로 위만 조선이 계속 성장해 나가자, 주변 나라들은 위만 조선을 견제하기 시작했다. 이 무렵 등장한 한나라 왕 무제는 위만 조선의 강성을 막아야겠다는 생각에 결국 공격을 감행했고, 약 1년여의 전쟁 끝에 기원전 108년 위만 조선은 멸망하고 말았다.

한반도 초기 국가들의 탄생

위만 조선을 멸망시킨 한나라는 위만 조선의 땅을 직접 다스리겠다며 네 개의 군을 설치했는데, 이것이 한4군이다. 고조선 사람들이 한4군에 맞서 끊임없이 저항하여 통치에 어려움을 느낀 한나라는 8개이던 법 조항을 60개로 늘려 강압적인 통치를 펼쳤다. 그러나 저항은 계속되었고 여러 무리가 고조선 땅 일부를 되찾기도 했다.

저항하던 무리들은 부족의 형태로 활동을 하다가 몇몇 부족이 연합하여 나라를 형성했는데, 그 나라들이 부여 · 옥저 · 동예와 같은 초기 국가들이다. 이 초기 국가들은 서로 다른 특성과 풍속을 가졌지만, 한4군에 맞서 싸우는 과정에서 탄생한 우리 민족의 국가라는 공통점이 있다.

지배자의 무덤 고인돌

거제 청곡리 고인돌(위)과 강화도 부근리 고인돌. 지석묘라고도 부르는 고인돌은 경제력과 정치권력을 가진 지배층의 무덤이다. 거제의 고인돌은 남방식(바둑판식), 강화도의 고인돌은 북방식(탁자식)이다. 우리나라에는 전 세계 고인돌 가운데 40퍼센트가 있으며 고창·화순·강화 고인돌 유적은 세계 문화유산으로 지정되었다(그림 9, 10).

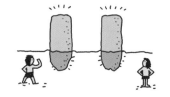

고임돌 세우기

흙 쌓기

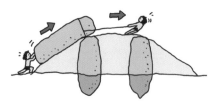

덮개돌 올리기

고인돌은 '돌을 괴어 놓는다'는 뜻을 지닌 말로 그 실체는 무덤이다. 고인돌은 형태에 따라 크게 남방식과 북방식 두 가지로 나뉘며, 현재 우리나라에서 발견되는 고인돌은 대부분 남방식이다. 남방식 고인돌은 돌을 받치고 있는 고임돌이 짧고 낮으며, 북방식 고인돌은 고임돌이 길고 높은 것이 특징이다.

고인돌을 어떻게 만들었는지 정확하게 알 수는 없지만, 아마도 먼저 고임돌을 세우고 나서 그 주변에 흙을 쌓아 빗면을 만든 뒤, 빗면을 따라 덮개돌을 올린 다음 흙을 제거하는 식으로 만들었을 것으로 추측된다. 제작하는 것이 이처럼 힘든 과정이다 보니 고인돌은 일반 사람이 아니라 지배자의 무덤이었을 것으로 생각되고 있다.

불로장생을 꿈꾼 진시황제

기원전 중국에는 '춘추 전국 시대'라고 불리는 혼란기가 500년 가량 지속되었다. 이 혼란기는 진이라는 나라가 중국을 통일하면서 끝났다. 그때 진나라를 이끈 왕이 진시황제다. 진시황제는 '처음으로 황제 칭호를 사용한 진나라의 왕'이라는 뜻으로 이 사람의 본명은 정이다.

열세 살에 왕위에 오른 정은 왕권을 강화하고 군대를 정비하여 주변 나라를 차례차례 정복해 나가 분열된 중국을 통일했다. 중국을 통일한 정이 가장 먼저 한 일은 황제 칭호의 사용이다. 일반적으로 나라를 대표하는 최고 권력자를 부를 때 '왕'이라는 칭호를 쓴다. 그러나 춘추 전국 시대의 분열기 중국에는 여러 나라가 공존하여 왕이 여러 명 존재했다.

중국 전체를 통일한 정은 왕과 구별되는 새로운 호칭이 필요하다고 생각하여 '황제'라는 말을 만들어 냈다. 중국에는 '삼황오제'라고 불리는 위대한 왕들에 관한 전설이 있는데, 여기에서 '황'과 '제'를 따왔다고 한다. 이에 진나라의 왕 정은 진시황제라고 일컬어진다.

　황제 칭호를 쓰는 만큼 다른 용어도 구별되어야 한다고 생각해 또 다른 용어를 만들었다. 왕이 스스로를 칭할 때 쓰는 '짐', 왕위를 이을 아들을 부를 때 쓰는 '태자'라는 말도 진시황제가 처음으로 사용했다. 진시황제는 새로운 용어를 사용함으로써 황제와 그 집안을 특별한 존재로 인식하게 함으로써 왕권을 강화하려 했다.

　실제로 진시황제는 통치하는 내내 자신의 막강한 힘을 과시했다. 그래서 '아방궁'이라는 거대한 궁과 진시황릉을 지었으며, 자신의 존재를 다른 나라에도 알렸다. 이때 진나라가 서양에 Chin이라는 이름으로 알려지면서 중국을 China라고 부르게 되었다.

　오랫동안 분열되어 있던 중국은 정치는 물론 제도, 문자, 화폐, 사상 등 모든 것이 지역마다 달랐으므로 진시황제는 중국을 하나의 통일된 국가로 만들기 위한 정책을 펼쳤다. 일단 넓어진 영토를 직접 다스리고자 전국을 군과 현으로 나누어 관리를 파견했다. 전국을 자신의 명령대로 통치하게 된 진시황제는 군사가 빨리 움직일 수 있도록 수도와 지방을 연결하는 도로를 건설했다. 또한 교류가 활발해지도록 문자와 화폐, 도량형을 하나로 통일했다.

　하지만 사상을 통합하는 일만은 뜻대로 되지 않았다. 특히 진시황제는 강력한 법을 중시하는 법가 사상을 채택했는데, 당시 많은 학자는 공자의 유가 사상을 따르고 있었다. 진시황제는 모든 사상을 법가로 통일하고자 유가 관련 서적 등 필요 없다고 생각되는 책을 모조리 불태우고 이에 반대한 유학자 468명을 생매장했다. 이 사건이 분서갱유다. 그리고 이 같은 결정에 반대한다는 이유로 자신의 아들조차 국경 지대로 쫓아 버릴 만큼 무서운 독재를 펼쳤다.

이렇게 나라 안을 정리한 진시황제는 북쪽에서 중국을 위협하는 흉노를 막아 내고자 만리장성을 쌓기 시작했다. 이전부터 외적의 침략에 대비하여 곳곳에 쌓아 놓은 성들을 하나로 연결한 것이다.

진나라는 안팎으로 힘을 키우며 강한 나라의 면모를 보였지만, 농민을 비롯한 백성들의 불만은 커져만 갔다. 아방궁, 진시황릉, 만리장성 축조 등 토목 사업은 모두 백성들의 노동력을 필요로 했다. 만리장성 축조를 위해 흉노와 전쟁을 벌이는 일 역시 백성들의 몫이었다. 게다가 혹독한 법 때문에 작은 실수만 해도 사형에 처해질 수 있었다. 백성들은 처음에는 황제의 명령을 잘 따랐으나 가만히 앉아 처형되느니 권력에 맞서 저항하다가 죽는 게 낫다는 생각을 하게 되었고 마침내 봉기가 발생했다. 결국 전국에서 봉기가 발생하여 나라는 20년을 채 버티지 못하고 몰락

했다.

　한편 진시황제는 죽지 않고 영원히 살면서 황제로서의 권위를 누리고 싶은 마음에 늙지 않게 한다는 불로초를 구하려 했다. 그때 서복이라는 사람이 나타나 불로초를 구할 수 있다고 호언장담했다. 이 말에 솔깃한 진시황제는 서복에게 많은 사람과 재물을 내주고 불로초를 구해 오도록 했다. 그러나 서복은 시간이 지나도 돌아오지 않았고 진시황제는 쉰 살에 세상을 떠났다. 전설에 따르면 사람들과 재물을 갖고 떠난 서복은 일본에 도착하여 그곳에서 왕이 되었다고 한다.

정말 부여 사람들은
착하고 고구려
사람들은 나빴을까?

한반도 최초의 국가 고조선이 망한 후 한반도에는 부여, 고구려, 옥저 그리고 동예 등 여러 나라가 생겨났다. 이 나라들에 대한 이야기는 중국의 옛 책들 속에 기록되어 있는데 과연 어떤 내용일까?

고구려가 나쁜 나라가 된 이유

중국의 《삼국지》〈위서 동이전〉에는 흥미로운 내용이 쓰여 있다. 고구려 사람들의 성품은 흉악하고 급해서 노략질하기를 좋아하며, 부여 사람들은 성품이 강직하고 용맹하며 근엄하고 후덕하여 다른 나라를 노략질하지 않는다는 것이다.

이 기록은 중국인의 시각에 의한 것이다. 다시 말해 중국인이 보기에 부여 사람들은 성품이 착하고 고구려 사람들은 나쁘다는 이야기다. 그럼 왜 중국인의 눈에는 고구려와 부여 사람이 그토록 다르게 보였을까? 답은 간단하다. 고구려의 힘이 그만큼 셌기 때문이다.

당시 대부분의 국가는 중국의 막강한 힘에 눌려 변변히 대항하지도 못했다. 하지만 고구려는 중국과 지리적으로 가까운 데다 중국에 맞설 만한 힘을 갖고 있었다. 이 같은 이유로 고구려와 중국 사이에 충돌이 잦았으니 중국 입장에서 고구려는 가장 상대하기 까다로운 나라였다. 고구려는 지리적 위치 때문에 주변 나라들과 빈번하게 충돌했다. 고구려가 자리한 곳은 압록강 주변과 졸본 지방으로, 이 지역은 대부분 큰 산과 계곡으로 이루어진 산악 지대여서 농토와 식량이 부족했다. 이에 고구려는 좋은 땅을 확보하기 위하여 전쟁을 하거나 약한 나라로부터 식량을 받아 오는 경우가 많았다.

반면 부여는 송화강 유역의 넓은 평야 지대에 위치해 있어 농경과 목축을 하기에 유리했다. 그러니 고구려처럼 식량을 구하기 위해 전쟁을 할 필요도, 다른 나라 것을 빼앗아 올 필요도 없었다. 당연히 주변 나라 사람들에게는 온순한 나라로 느껴졌을 것이다.

부여에서는 왕 아래 최고 관리를 말, 소, 개, 돼지를 뜻하는 한 자에 '가'라는 관리 호칭을 붙여 마가, 우가, 구가, 저가라고 불렀다. 이 같은 관리 이름만 보아도 부여는 농경과 목축이 성하고 이를 중시했다는 사실을 확인할 수 있다.

왕이 없는 옥저와 동예, 78개 소국이 있는 삼한

옥저와 동예는 함경도와 강원도의 동해안에 위치하던 나라로, 두 나라 모두 힘이 약해 고구려의 압력을 받았다. 이 나라들은 바닷가에 위치하여 해산물이 풍부하고 평야 지대에 자리 잡고 있어서 농사짓기에 유리했다. 그러나 나라의 힘이 약하다 보니 고구려에 식량을 바쳐야 하는 처지였다.

삼한은 한반도 남부에 위치한 마한, 진한, 변한을 가리킨다. 삼한은 한반도 남부에 자리하고 있어 날씨가 따뜻하고 땅도 비옥해 농사짓기에 알맞았다. 우리가 편의상 삼한이라고 부르지만, 사실 삼한은 여러 작은 나라들이 합쳐져서 생긴 국가다. 마한에는 54개, 변한과 진한에는 각각 12개의 소국이 있었다는 기록이 남아 있다.

옥저와 동예, 삼한은 초기 국가이기는 하지만 우리가 생각하는 국가의 모습을 갖추지 못한 채 부족끼리 공동생활을 하는 공동체에 가까웠다. 실제로 옥저와 동예에는 왕이 없었다. 왕이 없었

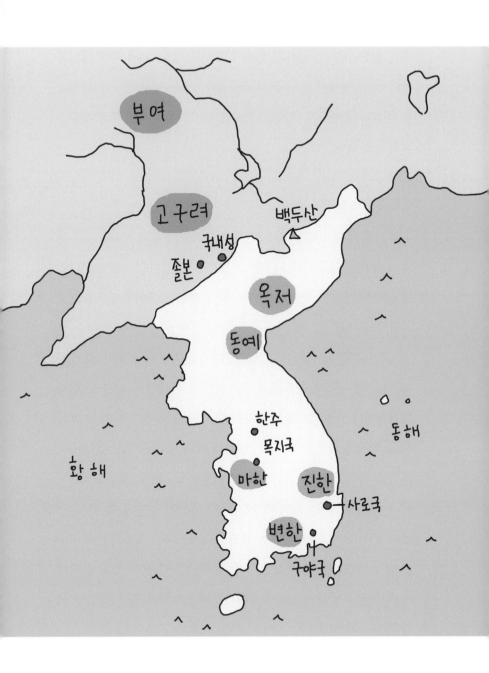

부여

고구려

백두산

국내성

졸본

옥저

동예

한주

목지국

마한

진한

사로국

변한

구야국

황해

동해

다는 것은 그만큼 나라의 힘이 약했다는 뜻이 된다. 삼한에서는 여러 소국 중에서 마한 목지국의 힘이 가장 셌기 때문에 목지국의 대표자를 왕으로 추대하기도 했으나 마찬가지로 강력한 힘을 갖지는 못했다.

각국의 제천 행사

하늘에 제사 지내는 국가의 중대한 행사인 제천 행사는 1년 동안 수확한 농산물이나 사냥한 동물을 하늘에 바침으로써 내년에도 농사와 사냥이 잘되게 해 달라고 기원하는 것이었다.

각국의 제천 행사에는 고유한 명칭이 있었는데 부여에서는 영고, 고구려에서는 동맹, 동예에서는 무천이라고 불렸다. 대부분의 제천 행사는 농작물을 수확하는 10월에 진행되었다. 그런데 삼한에서는 5월에도 제천 행사를 했는데 씨를 뿌리고 난 뒤 농사가 잘되어 풍요로운 수확을 하게 해 달라고 기원하는 것이었다. 그만큼 삼한이 다른 나라보다 농사짓기에 유리한 조건일 뿐 아니라 국가 경제에서 농사가 차지하는 비중이 컸다고 볼 수 있다. 한편 부여의 영고는 12월에 행해졌다. 12월은 사냥을 마무리하는 때로, 부여는 지리적으로 가장 북쪽에 있다 보니 농사 못지않게 목축과 사냥을 중시하여 12월에 제천 행사를 지낸 것으로 보인다.

이와 같이 초기 국가들은 각기 위치한 지역에 따라 경제 활동도 국가의 성격도 달랐지만 한반도 안에서 서로 교류하며 생활했다. 이 초기 국가들은 강한 세력을 가진 부족과 무리에 의해 점차 통일되거나 정리되면서 고구려, 백제, 신라의 삼국으로 발전했다.

비단길을 발견한 장건의 서역 원정

　교통수단이 발달하지 못한 옛날에도 동양과 서양은 서로 오가며 교류했다. 동서양이 교류한 길 가운데 무역로로 가장 많이 이용된 것이 일명 '비단길'(실크 로드)로 불리는 사막 길이다. 사막 길은 말 그대로 사막을 가로지르는 길이다. 사막 길은 어떻게 만들어졌을까?

　진나라가 망한 후 세워진 한나라는 북방에 살고 있는 흉노와 여러 차례 치열한 전투를 하며 영토 전쟁을 벌였다. 이때 한 무제는 한나라 혼자 흉노와 싸우느니 동맹국을 만드는 것이 좋겠다는 생각에 장건을 대월지국에 파견했다. 흉노족과의 전쟁에서 패한 대월지국은 살던 땅에서 쫓겨나 도망을 갔는데, 흉노의 추장이 대월지국의 왕을 죽이고는 그 두개골을 술잔으로 사용하고 있다는 소문이 돌고 있었다. 한나라는 이런 대월지국이라면 흉노와 싸우기 위해 동맹을 맺을 것이라는 생각에 장건을 파견했다.

　용맹하고 신의가 있는 장건이 무제의 명을 받들고 대월지국까지 가는 길은 온통 사막이었다. 사막에서 사방을 분간할 수 없어 장건은 대월지국이 아닌 흉노로 들어갔고 당연히 붙잡히고 말았다. 이후 장건은 10년 만에 극적으로 탈출하여 대월지국으로 가서 왕을 만났다.

하지만 10년이라는 세월 동안 대월지국 사람들은 흉노에 대한 나쁜 감정을 잊은 데다가 새로 정착한 땅이 예전 땅보다 훨씬 좋아 흉노에게 빼앗긴 옛 땅을 찾을 생각도 없었다. 결국 동맹에 실패하고 한나라로 향한 장건은 또다시 흉노에게 붙잡혔다. 1년여를 지내던 중 최고 추장의 죽음으로 흉노족이 혼란에 휩쓸린 틈을 타 탈출하여 한나라로 돌아왔다. 길을 나선 지 13년 만이었다. 처음 함께 출발한 100여 명은 모두 세상을 떠나고 살아 돌아온 이는 장건과 길 안내인 그리고 흉노에서 만난 아내까지 세 명뿐이었다.

비록 대월지국과의 동맹에는 성공하지 못했지만 살아 돌아온 장건을 위해 무제는 연회를 베풀었고, 장건은 자신이 긴 세월 동안 길을 헤매며 알게 된 여러 민족에 대해 보고했다. 한나라는 장건 덕분에 알게 된 오손국과 동맹을 맺고 흉노와 맞서게 되었다. 그리고 전쟁에서 승리하여 마침내 흉노를 중국 주변에서 몰아내는 데 성공했다.

한편 장건은 처음 흉노에게 잡혔다가 탈출하여 대월지국으로 갈 때 그리고 한나라로 돌아올 때 예정된 길이 아닌 새로운 길들을 찾아다녔다. 그 과정에서 장건은 사막 안에 있는 오아시스 도시들을 잇는 무역로가 있다는 사실과 그 무역로를 차지한다면 막대한 경제적 이득을 얻을 수 있다는 사실을 알게 되었고, 그 사실을 무제에게 전했다. 한 무제는 무역로 주변을 정복하여 한나라 영토로 만들었다. 이때부터 한나라는 이 무역로를 통해 중국의 물건을 서아시아와 유럽에 판매했는데, 특히 중국의 비단이 이 길을 따라 로마에까지 전래되어 이 길은 비단길로 불리게 되었다.

결국 장건의 대외 원정은 원래 목적을 달성하는 데에는 실패했으나, 새로운 동맹국 발견과 비단길 개척이라는 커다란 성과를 낳았다.

왜 고구려에서는 형이 죽으면 동생이 형의 부인과 결혼했을까?

오늘날 나라마다 풍속과 문화가 다르듯이 옛날 국가들도 각기 다른 풍속과 제도를 갖고 있었다. 그중에는 오늘날의 시각으로는 도저히 이해할 수 없는 것들이 있다. 과연 초기 국가에는 어떤 풍속들이 있었을까?

남성 중심 사회의 독특한 혼인 방식 형사취수제

기록에 따르면 고구려와 부여에는 '형사취수제'라는 독특한 혼인 방식이 있었다고 한다. 형사취수제란 결혼한 형이 부인보다 먼저 죽으면 동생이 형의 부인, 즉 형수와 결혼하는 풍속이다. 이렇게 설명하면 대부분의 사람이 여러 의문을 떠올린다. '어떻게 그 럴 수 있지?', '만약 동생이 없으면?', '동생이 이미 결혼했으면?', '동생 입장에서 형수가 마음에 들지 않으면?' 등으로 말이다.

이 제도를 이해하려면 왜 이런 제도가 생겼는지를 알아야 한다. 초기 부여와 고구려는 부족의 성격이 강해서 부족 간 구분과 경계가 명확했다. 이런 상황에서 형이 죽고 혼자 남은 형수가 다른 부족의 남자와 결혼하면 형수가 갖고 있는 재산은 전부 새로 결혼한 남자의 부족에게 넘어가게 된다. 다시 말해 형이 살아 있을 때는 우리 부족의 것이던 재산이 그것을 물려받은 형수가 다른 부족의 남자와 재혼하는 순간 다른 부족의 것이 된다는 뜻이다. 이렇게 재산이 다른 부족으로 넘어가는 것을 막을 방법은, 홀로된 형수가 다른 부족의 남자와 재혼하지 않도록 집안사람과 다시 결혼하게 하는 것이었다. 그래서 동생이 형수와 결혼하는 형사취수제가 생겨난 것이다.

이런 의도라면 동생이 이미 결혼했다 하더라도 큰 문제가 되지 않는다. 옛날에는 부인이 여럿인 경우가 흔했으므로 이미 결혼을 했다 한들 또 해도 그만이다. 그리고 친동생이 없어도 상관없다. 재산이 다른 부족으로 넘어가는 것을 막기 위한 결혼이므로 친척 중 아무하고나 결혼해도 관계없는 것이다. 여자의 재혼으로 빚어지는 재산의 이동을 방지하는 형사취수제는 남성 중심의 시각과 사고방식으로 사회와 경제를 이해하는 독특한 제도라고 할 수 있다. 이 제도는 부족 간 구분이 희미해지면서 점차 사라지게 되었다.

서옥, 골장제··· 나라마다 있는 독특한 풍속

형사취수제 말고도 초기 국가에는 독특한 풍속이 많다. 고구려에는 서옥제라고 불리는 풍속이 있다. 이는 남자가 혼인하기로 한 신부 집 뒤편에 서옥이라는 작은 집을 짓고 자식을 낳고 살다가, 자식이 어느 정도 크면 아내와 자식을 데리고 남자 집으로 돌아가는 제도다. 그래서 이 제도를 사위〔서〕가 여자 집〔옥〕에 들어와 산다는 뜻에서 데릴사위제라고도 부른다.

옥저에는 데릴사위제와는 정반대의 풍속이 있다. 그것은 장래에 혼인할 것이 결정되면 여자가 어렸을 때 남자 집에 가서 일을 하며 지내다가 성장한 후 남자가 여자 집에 예물을 바치고 혼인하는 제도다. 이를 '민며느리제'라고 부른다. 이 제도는 엄밀히 말해 남자가 여자 집에 돈을 내고 신부를 사는 것이나 마찬가지였다.

옥저의 또 다른 풍속으로 골장제가 있다. 골장제란 사람이 죽으면 뼈만 추려서 한쪽이 열려 있는 관에 넣어 묻는 것으로, 이때 관 안에 생전의 모습을 한 나무 인형도 넣는다. 옥저에서는 가족

끼리 같은 무덤을 사용하는 가족 공동 무덤을 만들었는데, 가족
마다 죽는 시점이 다르니 사실상 같이 묻는 것은 불가능한 일이
었다. 그래서 사람이 죽으면 일단 가매장한 후 시신이 썩은 다음
뼈만 거두어 묻었다고 한다. 이렇게 뼈만 추려 두었다가 나중에
가족의 뼈를 모두 같은 관에 넣은 것이다.

 부여에는 왕이 죽으면 왕을 모시던 사람들을 함께 묻는 순장
의 풍속이 있었다. 사실 이는 중국 등 다른 나라에서도 행해진 풍

속이다. 순장을 한 까닭은 왕은 죽어서도 왕으로 살아야 하므로 살아생전 왕을 모시며 시중들던 사람도 함께 죽어야 한다고 생각했기 때문이다.

다른 나라보다 부족적 성격이 강한 동예에는 책화라는 풍속이 있었다. 동예는 부족끼리 사는 구역이 명확하게 정해져 있어 다른 부족이 자신들의 영역에 들어오는 것을 꺼렸는데, 실수로 다른 부족의 사람이 자신들의 영역에 들어오면 노비나 소·말로 변상하게 했다. 이것이 책화다.

이처럼 초기 국가의 풍속에는 지금으로서는 이해가 안 가는 것들이 많이 있지만, 그 풍속들을 통해 당시 사회의 모습을 엿보는 재미가 있다.

삼한에는
도둑이 숨어도 잡을 수
없는 곳이 있었다?

초기 국가들은 부족 간의 구별, 지배하는 땅의 구별 등 영역 구분을 확실하게 하는 것을 좋아했다. 특히 삼한에는 '소도'라고 불리는 독특한 지역이 있었다. 과연 소도는 어떤 곳일까?

천군이 지배하는 고유의 영역 소도

초기 국가 중 삼한에는 다른 나라에 없는 특별한 지역이 있었다. 그것은 소도라고 불리는 신성한 지역으로 제사장인 천군이 지배하는 곳이다. 천군이란 제사를 주관하는 총책임자로서 제천행사 등 농경과 종교에 대한 의례를 이끄는 종교적 지배자다. 이

천군이 머무는 지역을 다른 곳과 구분하여 소도라고 일컬었다.

특이하게도 소도 안에서는 정치를 담당하는 정치 지도자인 군장의 힘이 미치지 못했다. 이를테면 죄를 지은 사람이 소도로 들어가서 숨어도 군장은 소도에 들어가 죄인을 잡을 수 없었다. 즉 소도 안에서 군장은 아무 힘이 없었다. 어떻게 이런 일이 가능했을까?

삼한에서는 정치와 종교의 구분이 엄격했다. 따라서 군장은 천군이 하는 일에 간섭할 수 없고, 마찬가지로 천군은 군장이 하는 일을 그저 지켜보아야 했다. 소도는 천군이 지배하는 천군의 고유한 영역이므로 아무리 나라 전체의 정치를 담당하는 최고 책임자라 해도 소도 안에서는 평범한 백성처럼 전혀 힘을 갖지 못했다.

삼한처럼 정치와 종교가 분리되어 있는 사회를 제정 분리 사회라고 부른다. 초기 국가 대부분은 정치와 종교를 한 사람이 담당하는 제정일치 사회였다. 제정일치 사회에서는 정치를 담당하는 지도자가 종교 행사 곧 제사를 주관하기 때문에 소도처럼 제사장이 머무는 지역을 구분할 필요가 없다. 하지만 삼한에는 천군과 군장이 따로 존재하다 보니 천군이 머무는 소도가 요구되었다.

소도처럼 군장의 지배력이 이르지 못하는 특수한 지역은 삼한

솟대. 나무 또는 돌로 깎은 새를 긴 장대나 돌기둥 끝에 올려놓은 상징물로서, 하늘과 땅을 이어 주어 화재·가뭄·질병 등을 막아 주는 수호신으로 믿었으며, 장승과 함께 마을 입구에 나란히 세우기도 했다. 솔대, 소줏대, 오릿대, 별신대 등의 다른 이름이 있다(그림 11).

에만 있었고 이후에는 존재하지 않았다. 우리나라는 국가가 발달함에 따라 점차 제정 분리 사회가 되었기에 삼국 시대에 이르러서는 왕이 제사를 담당하지 않았다. 종교 행사는 종교계에서 담당하고 왕이 직접 주관하지 않은 것이다. 그런데 삼국 시대에는 워낙 왕의 힘이 강력하다 보니 소도처럼 왕의 힘이 미치지 못하는 곳은 없었다. 결국 소도와 같은 지역은 삼한 이전에도 삼한 이후에도 없었던 셈이다.

소도는 특별한 지역이므로 누구나 한눈에 알아볼 수 있도록 표시할 필요가 있어 만든 것이 솟대다. 솟대란 나무나 돌로 만든 새를 장대나 돌기둥 위에 앉혀 만든 것으로, 대체로 높이 솟아 있기 때문에 높은 건물이 없던 옛날에는 멀리서도 한눈에 알아볼 수 있었다. 만약 현재 남부 지방에 살고 있고 동네에 솟대가 있다면 그곳은 예전에 소도였을지도 모른다.

삼한의 발전, 철의 힘을 빌리다

삼한은 다른 나라보다 경제에서 농사가 차지하는 비중이 커서 농사를 잘 짓는 것이 중요했다. 농사가 잘되려면 여러 요건이 따라야겠지만 무엇보다 중요한 것이 농기구다. 초기 국가가 성립될 당시 한반도에서는 철기 사용이 보편화되어 농사에 철제 농기구가 이용되었다. 이를테면 철로 만든 좋은 농기구를 많이 보유하고 있어야 농사를 잘 지을 수 있었다는 이야기인데, 이 점에서 삼한은 유리한 점이 많았다.

한반도 남부에 위치한 삼한 지역은 예부터 철 생산량이 많았다. 삼한 중에서도 특히 변한 지역에는 철이 풍부해 일본과 낙랑 등지에 수출하기도 했다. 당시에는 철이 화폐처럼 사용되었기 때문에 철이 풍부한 삼한 지역은 그만큼 발전에 유리했다.

초기 국가의 발달 과정을 보면 왕이 없는 옥저와 동예, 왕이 있지만 권력이 그다지 강하지 못해 국가의 힘이 약한 부여, 이 세 나라는 모두 고구려에 흡수되어 멸망하고 말았다. 하지만 마찬가지로 실질적인 왕이 존재하지 않거나 있어도 힘이 약한 삼한은 계속 발전하다가 백제, 신라, 가야가 되었다. 삼한의 국력이 미약한데도 지속적으로 발전해 왕권이 강한 국가로 성장할 수 있었던 것은 철기를 바탕으로 한 경제력 덕분이다. 그만큼 삼한 사회의 철기 사용은 경제적으로나 정치적으로나 발전에 커다란 역할을 했다고 할 수 있다.

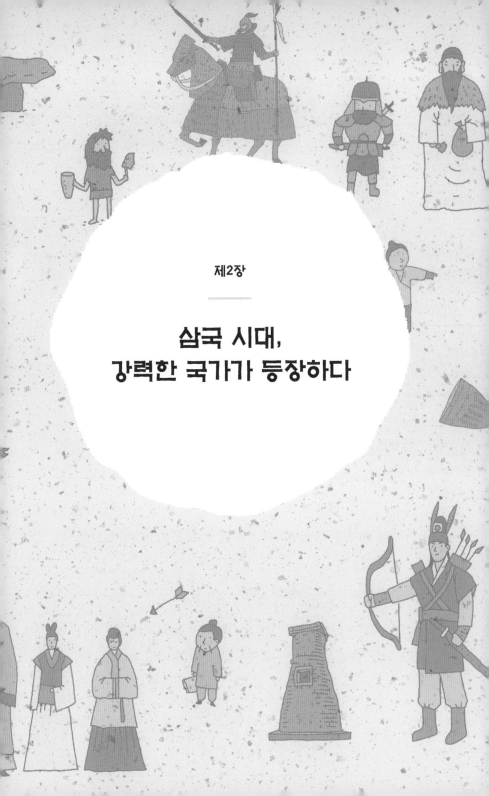

제2장

삼국 시대,
강력한 국가가 등장하다

왜 고구려와 백제의 무덤은 비슷하게 생겼을까?

한반도에 있던 부여, 옥저, 삼한 등이 전쟁을 통해 통합되는 과정에서 소위 '삼국'이라고 일컫는 신라, 고구려, 백제로 차례차례 성립되어 갔다. 삼국은 모두 우리 민족이 세웠지만 각기 다른 왕이 통치하는 다른 나라여서 여러 차이점이 있었다. 그럼에도 고구려와 백제는 유독 비슷한 점이 많았다. 그 이유는 무엇일까?

공통점을 가진 고구려와 백제

현재 남아 있는 삼국 시대 무덤의 생김새는 크게 세 가지 형태다. 그냥 돌을 쌓아 올린 돌무지무덤, 돌로 방을 만들고 나서 그

위에 흙을 덮은 굴식 돌방무덤, 덧널로 관을 보호하는 방을 만들고 나서 돌과 흙을 쌓아 만든 돌무지덧널무덤이 바로 그것이다.

고구려와 백제는 초기에는 돌무지무덤, 후기에는 굴식 돌방무덤을 만들었고 생김새나 특징이 매우 유사하다. 반면 돌무지덧널무덤은 신라에서만 제작되던 신라 고유의 무덤 양식이다. 나라의 중심인 수도를 통치하는 방법 역시 고구려와 백제는 다섯 구역으로 나누었으나, 신라는 여섯 구역으로 나누었다. 이처럼 고구려와 백제는 신라와 구별되는 공통점들을 갖고 있었는데, 두 나라가 같은 혈통에서 갈라져 나왔기 때문이다. 더욱이 두 나라는 부여로부터 큰 영향을 받았다. 고구려와 백제가 중앙을 다섯 구역으로 나누어 통치한 것은 원래 부여의 방식이다.

백제 귀족의 성씨 중에는 부여에서 왔음을 드러내는 부여 씨가 있었다. 또한 백제가 후에 국호를 남부여로 바꾼 것 역시 백제를 세운 사람들이 원래 부여에서 온 사람들임을 말해 준다. 말하자면 고구려와 백제는 부여에 살던 사람들이 남쪽으로 내려와 세운 나라이기에 두 나라 모두 부여의 특징을 지니고 있다. 그러니 고구려와 백제는 흡사한 점이 많을 수밖에 없다.

같은 혈통의 조상을 가진 고구려와 백제

고구려는 주몽이 세웠다고 알려져 있으며, 우리나라에서 가장 오래된 역사책《삼국사기》는 주몽에 관해 다음과 같은 내용을 전하고 있다.

물을 다스리는 신 하백의 딸 유화는 동생들과 놀러 갔다가 하늘을 다스리는 신 천제의 아들 해모수를 만나 그의 아이를 갖게 되었다. 그 뒤 해모수는 길을 떠나 돌아오지 않았고, 유화의 부모님은 유화를 꾸짖고는 멀리 귀양 보냈다. 이 사실을 알게 된 부여의 금와왕이 유화를 데려와 방에 가두었다. 얼마 후 유화가 큰 알을 하나 낳자 금와왕은 그 알을 없애려 했지만 알을 도무지 깨뜨릴 수 없었다. 금와왕은 할 수 없이 알을 어머니 유화에게 돌려주었고, 유화는 알을 보자기에 싸서 따뜻한 곳에 두었는데 어느 날 알에서 남자아이가 태어났다. 그 아이는 잘생기고 똑똑하며 늠름한 기상이 있고 특히 활을 잘 쏘았다. 부여에서는 활 잘 쏘는 사람을 주몽이라 불렀기 때문에 그 아이의 이름은 주몽이 되었다.

한편 금와왕에게는 일곱 아들이 있었다. 자신의 아들들이 모든 면에서 주몽에게 뒤처지자 주몽을 시기하며 죽이려 했고, 그 사실을 알게 된 주몽은 부여에서 도망쳤다. 주몽이 달아난 사실을 알고 부여에서 추격병을 보냈다. 쫓기던 주몽은 호수에 이르렀는데 호수를 건널 방도가 없어 곤란한 상황에 빠졌다.

이때 주몽이 "나는 천제의 손자이자 하백의 손자다. 지금 뒤쫓는 자들이 가까이 오고 있으니 어찌 하면 좋겠는가?"라고 말했다. 그 순간 물고기와 자라가 물 위로 떠올라 다리를 만들어 주었다. 호수를 건넌 주몽은 졸본성에 이르러 도읍으로 삼고 나라 이름을 고구려로 정했다.

이 이야기에는 허구와 과장이 섞여 있기는 하지만, 고구려를 세운 주몽이 활을 잘 쏘며 부여 출신 인물이라는 점을 확실하게 말해 준다.

백제는 주몽의 아들 온조가 세운 것으로 알려져 있다. 왕이 된 주몽에게는 비류와 온조 두 아들이 있었다. 어느 날 다른 곳에서 숨어 살던 주몽의 큰아들 유리가 고구려로 찾아왔다. 주몽은 부여에서 달아나기 전 사랑하는 여인에게 부러진 칼 조각을 건네주고 떠났는데, 그 여인이 낳은 아이가 주몽의 아들 유리였다. 유리가 들고 온 칼 조각을 주몽이 지니고 있는 칼 조각과 맞추어 보니 딱 맞아떨어졌다. 이에 주몽은 자신의 아들임을 확인하고 유리를 후계자로 삼았다.

유리가 후계자로 정해짐에 따라 왕위에 오를 수 없게 된 비류와 온조는 고구려를 떠나 남쪽으로 내려가 한강 유역 위례성에 이르렀다. 온조는 그곳이 도읍으로 적합하다고 생각해 형 비류와 함께 나라를 세우려 했다. 그러나 비류는 반대하며 신하들을 데리고 미추홀(지금의 인천)로 떠났다. 비류가 떠난 뒤 온조는 나라를 세우고 자신의 충신 열 명을 기리는 의미에서 나라 이름을 '십

제'라고 지었다가 후에 백제로 바꾸었다. 한편 미추홀은 땅이 거칠고 소금기가 많아 농사가 잘되지 않았다. 이에 비류를 따라간 사람들이 온조에게 돌아가자, 비류는 실망하여 시름시름 앓다가 죽었다고 한다.

두 나라의 건국 신화를 보면 고구려와 백제는 본디 부여에 살던 사람들이 내려와 세운 나라이므로 부여의 영향을 받을 수밖에 없었다. 그리고 두 나라는 같은 혈통의 조상이 세운 나라이므로 유사한 점이 많았음을 알 수 있다.

세상을 밝히는 혁거세가 세운 신라

그렇다면 신라는 어떻게 세워졌을까? 신라는 지금의 경주 지역 토착민과 외부에서 온 사람들이 힘을 모아 세웠다고 하는데 건국 신화의 내용은 이렇다.

신라는 지금의 경상도 지역에 있던 사로국에서 출발한 나라로, 원래 사로국에는 왕이 없었으므로 사로국 여섯 마을의 촌장들은 왕이 나타나기를 간절히 바랐다. 어느 날 촌장 여섯 명이 모여 있을 때 번갯불 같은 신비한 기운이 땅을 비추기에 그곳을 보니 백마 한 마리가 절을 하고 있었다. 이상한 생각이 들어 다가가자 자줏빛 알을 향해 절을 하던 백마가 사람들을 보고는 하늘로 올라가는 것이었다. 촌장들이 그 알을 깨뜨리니 남자아이가 나왔는데, 아이의 몸에서는 광채가 나고 주변의 새와 짐승 들이 춤을 추며 해와 달이 밝아졌다. 그 아이를 '세상을 밝힌다'는 뜻의 혁거세로 불렀고, 혁거세는 후에 촌장들의 추대로 왕이 되어 신라를 세웠다고 한다.

신라의 건국 신화 역시 과장과 허구가 섞여 있다. 하지만 사로국의 여섯 마을이 외부에서 온 사람을 왕으로 추대하여 신라를 세웠음을 알려 준다. 이렇게 각기 다른 배경을 갖고 건국된 삼국은 한반도에 공존하면서 때로는 협력을, 때로는 경쟁을 하며 우리 민족의 역사를 이끌었다.

돌무지무덤과 굴식 돌방무덤, 돌무지덧널무덤

고구려와 백제를 대표하는 무덤은 서로 비슷한 양태를 보이며 초기에는 돌을 쌓아 올린 돌무지무덤을, 후기에는 굴식 돌방무덤을 만들었다.

굴식 돌방무덤은 봉토 바깥쪽에 문이 있는 것이 특징으로, 문을 열면 무덤 가운데로 연결된 굴 모양의 길(이음길)이 있고 그 길을 따라 들어가면 시신과 껴묻거리(부장품)를 안치하는 돌로 만든 방이 있다. 굴식 돌방무덤이라는 명칭은 무덤의 이러한 생김새를 보고 지은 것이다.

무덤 외부에 문이 있다 보니 굴식 돌방무덤은 도굴하기에 무척이나 쉬웠다. 옛날에는 무덤 안에 껴묻거리 즉 왕이나 왕비가 사용한 금관, 귀금속 등의 물건을 함께 넣었으므로 그것들을 노려 도굴하는 사람이 많았는데, 굴식 돌방무덤은 문만 열면 도굴이 가능하여 현재 남아 있는 굴식 돌방무덤 가운데 유물이 남아 있는 무덤은 단 하나도 없다. 또 굴식 돌방무덤은 돌로 만든 방을 내부에 짓다 보니 돌벽에 벽화를 그릴 수 있었고 그 벽화들은

돌무지무덤

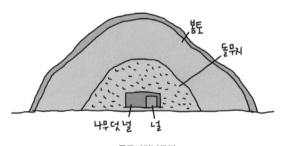

앞방　이음길　널방

굴식 돌방무덤

봉토
돌무지
나무덧널　널

돌무지덧널무덤

오늘날까지 전해진다. 〈사신도〉, 〈무용도〉 등 유명 벽화들은 모두 굴식 돌방무덤에서 발견되었다.

　신라는 고구려, 백제와 달리 돌무지덧널무덤을 주로 만들었다. 돌무지덧널무덤은 일단 시신과 껴묻거리를 넣는 방을 덧널로 만든 다음 그 위에 돌을 쌓아 덧널을 보호하고 흙을 덮어 봉토를 만드는 방식으로 제작되었다. 시신과 껴묻거리 보호 장치를 무려 세 겹이나 만들다 보니 돌무지덧널무덤은 도굴이 불가능했다. 따라서 오늘날까지 유물이 고스란히 남아 있다. 삼국 시대의 유물 가운데 신라의 유물이 유독 많은 이유가 바로 이것이다. 반면 돌무지덧널무덤은 나무 재질인 덧널로 방을 만들다 보니 벽화를 그릴 수 없었다. 신라의 무덤에서 발견된 유명한 그림 〈천마도〉는 벽화가 아니라 말안장 위에 그려진 그림이다.

신라에서는 왜 치아가 많은 사람이 왕이 되었을까?

일반적으로 옛날의 왕은 무엇이든 마음대로 할 수 있는 막강한 힘을 지녔을 것으로 생각하기 쉽지만, 처음부터 그렇지는 않았다. 실제로 신라에서는 처음에 왕 칭호조차 없다가 지증왕 때에 이르러 왕권이 강해지면서 비로소 '왕'이라는 용어를 사용했다. 그렇다면 신라에서는 지도자를 뭐라고 불렀을까?

신라의 왕호 변천

신라 최초의 왕은 박혁거세로 그때 호칭은 거서간이었다. 거서간이란 '군장'을 뜻하는 말로 정치를 담당하는 사람을 의미한다.

거서간인 박혁거세는 그저 정치의 대표자일 뿐 강력한 권한을 갖지는 못했다.

　신라의 두 번째 왕은 박혁거세의 장남 남해왕이고 남해왕은 차차웅이라고 불렀다. 차차웅이란 제사를 지내는 사람, 즉 제사장을 가리키는 말이다. 왕의 힘이 약할 때는 정치를 하거나 중요한 결정을 할 때 신에게 물어보는 의식을 중시했는데, 아마도 그러한 제사를 총괄하는 사람이라는 뜻에서 차차웅이라는 칭호를 사용한 것으로 보인다. 남해왕 역시 강력한 힘은 없었다.

　남해왕이 죽은 후 왕을 가리키는 용어는 이사금으로 바뀌었다. 이사금은 치아가 많은 사람이라는 뜻으로, 즉 나이가 많은 연장자를 가리킨다. 남해왕이 세상을 떠난 뒤 왕위를 계승할 후보자로 아들 유리와 사위 탈해가 있었다. 그런데 두 사람은 서로 왕되기를 사양했다고 한다. 그래서 어떻게 왕을 정할까 고민하다가 떡을 깨물어 이빨 자국이 많이 난 사람, 곧 치아가 많은 사람이 왕이 되기로 했다. 치아가 많다는 것은 나이가 많다는 것으로 여겨졌기 때문이다. 결국 유리가 왕을 하게 됨에 따라 왕의 칭호는 이사금으로 바뀌었다.

　이사금 칭호는 신라의 제3~16대 왕까지 오랫동안 사용되었는데, 왕을 연장자라는 뜻을 지닌 이사금이라고 일컬었다는 것은 왕을 가장 나이 많은 어른으로 여기며 모셨다는 이야기가 된다.

이는 왕을 나이 많은 어른으로 존경은 했지만 흔히 생각하는 왕만큼 강력한 힘을 갖지는 못했음을 의미하기도 한다.

제17대 내물왕에 이르러 왕의 칭호는 마립간으로 바뀌었다. 마립간이란 '대군장', '대수장'을 뜻하는 말로 정치를 담당하는 군장 가운데 최고임을 나타낸다. 마립간이라는 용어의 사용은 이전보다 왕권이 강해졌음을 보여 준다. 왕을 그저 정치를 담당하는 사람, 제사를 담당하는 사람, 나이가 많은 사람으로 여기던 신라에서 왕을 진짜 정치의 대표자로 여기게 되었음을 뜻하기 때문이다.

실제로 마립간 칭호를 처음 사용한 내물왕 때부터 신라에서는 왕위가 아들에게 세습되면서 왕의 힘이 강해졌다. 내물왕 이전까지 신라에서는 왕위를 세습하지 않고 선출하거나 돌아가면서 하는 경우가 많았다. 그래서 내물왕보다 앞선 신라 왕들의 성씨는 박, 석, 김의 세 가지다. 하지만 내물왕 때부터 김씨만 왕이 되었는데, 이는 왕위를 세습하게 되었고 그만큼 왕의 힘이 강해졌음을 보여 준다.

마립간이라는 칭호는 제22대 지증왕 대에 이르러 비로소 '왕'으로 바뀌었다. 왕은 원래 중국에서 사용하던 말로 강력한 힘을 지닌 국가의 최고 통치자를 뜻했다. 고구려와 백제는 일찍이 왕이라는 칭호를 사용했지만, 신라에서 칭호를 늦게 사용한 것은 그만큼 초기 통치자의 힘이 약했다는 의미가 된다.

'신라'가 되기까지

왕의 칭호뿐만 아니라 신라는 국가의 이름인 국호를 정하는 데에도 오랜 시간이 걸렸다.

신라는 건국 당시 서라벌, 사라, 사로, 신라 등 여러 가지로 불리다가 제4대 탈해왕 9년(65년)에는 계림으로 바뀌었다. 다시 서라벌로 부르다가 신로, 사로, 신라 등을 국호로 사용했다. 503년 지증왕 4년에 이르러 '덕업이 날로 새로워진다'는 뜻의 신(新)과 '사방을 망라한다'는 뜻을 가진 나(羅)가 결합된 신라를 국호로 확정했다고 한다.

기록에 따르면 신라, 고구려, 백제 삼국 중 가장 먼저 세워진 나라는 신라다. 그러나 신라는 국호 결정이나 왕의 칭호 사용 같은 국가 형태를 정하는 기본적인 일조차 뒤처질 만큼 다른 두 나라보다 초기 국가의 힘이 약했다. 한반도 오른쪽 끝에 자리한 지리적 여건상 선진 문물을 받아들이기 어려운 데다 귀족의 힘이 막강하여 강력한 왕이 등장하기 어려웠으며, 강한 왕이 없으니 나라를 발전시키는 추진력 또한 약했기 때문이다.

권력의 상징 삼국의 귀족 회의

사실 신라뿐만 아니라 고구려나 백제도 건국 초기에는 귀족의 힘이 왕권을 위협할 정도로 강했다. 삼국에서 귀족의 힘이 강했다는 사실은 귀족 회의의 존재를 통해 알 수 있다. 귀족 회의는 삼국 모두에 있었는데 그 명칭은 서로 달라서 고구려는 '제가 회의', 백제는 '정사암 회의', 신라에서는 '화백 회의'라고 불렀다.

귀족 회의에서는 국가의 중대사를 논의하고 결정했으며, 여기에서 정한 내용은 왕이라고 해도 함부로 없애거나 바꿀 수 없었다. 특히 국가의 최고 관직자(지금의 국무총리 같은 지위)는 왕이 아닌 귀족 회의에서 뽑았고, 여기에서 뽑힌 사람은 왕조차 함부로 교체할 수 없었다. 바꾸어 말해 왕의 입장에서 귀족 회의는 왕의 일에 참견하고 간섭하는 거추장스러운 존재일 수밖에 없었다. 그래서 고구려와 백제에서는 왕이 강한 힘을 갖게 되면서 귀족 회의인 제가 회의, 정사암 회의의 힘을 약화시켰다.

물론 신라에서도 왕권이 강력해짐에 따라 화백 회의의 힘이 약해지기는 했으나 그 시기는 고구려나 백제에 비해 늦었다. 화백 회의에는 다른 나라의 귀족 회의에는 없는 만장일치제라는 신라만의 특징이 있다. 따라서 신라 화백 회의에서는 단 한 사람이라도 반대하면 그 의견을 받아들이지 않았다. 그만큼 귀족 한 사람, 한 사람의 의견을 소중히 여겼으며, 이는 귀족의 힘이 강했기에 가능한 일이다.

삼국의 왕위 세습

왕이 죽으면 다음 왕은 누가 될까? 당연히 아들이 이을 것이라고 생각하지만, 이렇게 당연하게 여겨지는 세습이 삼국 시대 초기에는 매우 어려운 일이었다.

고구려, 백제, 신라 모두 초기에는 왕위를 세습하지 않고 귀족 집안이 돌아가면서 하는 경우가 있었는데 귀족의 힘이 강력해서 한 집안에서 왕을 계속하기가 힘들기 때문이었다. 그래서 신라는 박, 석, 김의 세 성씨가 왕을 번갈아 가며 했다. 왕권이 조금 안정된 후에는 주로 형제 상속 방식, 즉 형이 죽으면 동생이 왕이 되는 식으로 왕위를 물려주었다. 그러나 이 형제 상속에도 후계자를 귀족 회의에서 결정한다는 뜻이 숨겨져 있다. 물론 왕의 형제나 친척이 후보가 되므로 엉뚱한 사람이 왕이 되는 것은 아니지만, 왕위 계승을 귀족들이 정한다는 점에서 왕의 힘이 세다고는 할 수 없었다.

삼국 모두 왕권이 강해지면서부터 아들에게 왕위를 물려주는 부자 상속 방식이 되었다. 삼국에서 왕위 계승이 부자 상속 방식으로 바뀐 것은 고구려의 고국천왕, 백제의 근초고왕, 신라의 내물왕 시기로 고구려가 가장 빠르고 신라가 가장 늦었다. 그만큼 신라의 왕권 강화는 더디게 이루어졌다.

물론 왕의 힘이 센 것이 무조건 좋지는 않다. 하지만 왕권이 세다는 것은 귀족의 간섭에서 벗어나 나라를 이끌 수 있는 추진력 있는 지도자가 등장했다는 의미로, 그만큼 발전 가능성이 커진다는 것을 뜻한다. 실제로 왕권 강화가 늦었던 신라는 삼국 중 발전 속도가 가장 느렸다.

귀족이라고 모두 똑같은 귀족이 아니다?

옛날에는 귀족, 농민, 노비 같은 신분이 있었고 귀족은 높은 신분으로 사회에서 대접받으며 살았다. 그리고 귀족이라고 모두 똑같은 귀족은 아니었다. 귀족에도 등급이 있어서 힘이 센 귀족과 약한 귀족이 있었으며, 신라에서는 그 등급이 구체적으로 나뉘어 있었다.

신라에만 있는 골품 제도

신라에는 고구려나 백제에는 없는 골품 제도가 있었는데 이는 귀족의 등급을 정해 놓은 특이한 제도다. 골품 제도라는 명칭은 신라 귀족의 등급을 '골'과 '품'으로 구분했기 때문에 붙여졌다. 골품 제도에는 두 개의 골과 여섯 개의 품이 있었다. 성골, 진골, 6두품, 5두품, 4두품, 3두품, 2두품, 1두품이 그것이다. 이는 귀족을 여덟 등급으로 나눈 것으로 성골의 신분이 가장 높고 1두품이 가장 낮다. 하지만 시간이 지남에 따라 3두품, 2두품, 1두품은 평민과 별 차이가 없게 되면서 점차 사라져 갔다.

성골과 진골은 왕족의 피가 흐르는 매우 귀한 귀족으로, 성골은 부모가 모두 왕족인 순수한 왕족을 의미하고, 진골은 부모 중 한쪽만 왕족이다. 왕족과 관계없는 귀족은 6두품, 5두품, 4두품으로 당연히 성골과 진골보다 신분이 낮다. 그런데 이들의 명칭은 단순히 등급을 뜻하는 것이 아니라 승진 가능한 관직의 한계선을 의미하는 동시에 일상생활에서의 규제를 의미했다.

우선 성골과 진골은 왕족이기에 아무런 제약이 없다. 관직에 오르는 것에서나 일상생활에서 어떤 규제도 받지 않는다. 하지만 6두품부터는 다르다. 신라에는 1~17등급의 관직이 있는데 6두품은 제아무리 능력이 뛰어나다 한들 6등급까지밖에 승진할 수 없다. 말하자면 1~5등급까지의 관직에는 절대 오를 수 없다. 그리고 5두품은 10등급 관직까지, 4두품은 12등급 관직까지만 오를 수 있었다.

신라에서는 관등에 따라 관리들이 입는 옷의 색깔마저 달랐으

신라 골품과 관등표

관등		골품				공복
등급	관등명	진골	6두품	5두품	4두품	
1	이벌찬	■				자색
2	이 찬	■				
3	잡 찬	■				
4	파진찬	■				
5	대아찬	■				
6	아 찬	▮	▮			비색
7	일길찬	▮	▮			
8	사 찬	▮	▮			
9	급(벌)찬	▮	▮			
10	대나마	▮	▮	▮		청색
11	나 마	▮	▮	▮		
12	대 사	▮	▮	▮	▮	황색
13	사 지	▮	▮	▮	▮	
14	길 사	▮	▮	▮	▮	
15	대 오	▮	▮	▮	▮	
16	소 오	▮	▮	▮	▮	
17	조 위	▮	▮	▮	▮	

며, 이 또한 골품제에 의해 결정되었다. 1~5등급 관리는 자색 옷을 입었다. 이를 골품제에 적용하면 자색 옷을 입은 사람은 성골 또는 진골이라는 뜻이다. 이렇게 옷 색깔만으로도 골품을 알 수 있었다.

골품 제도의 규제는 일상생활에도 미쳤다. 예를 들어 4두품은 우물천장을 만들지 못하고 동물 머리 모양의 지붕 장식이나 높은 처마를 두지 못했으며, 대문 또한 만들지 못하고 마구간에는 말을 두 마리까지만 둘 수 있도록 제한했다. 일상생활의 매우 사소한 부분까지 골품에 따라 규제를 받은 것이다.

신라에서 성골은 순수 왕족 혈통이기에 가장 신성한 존재이고 왕은 성골만이 할 수 있는 것으로 여겨졌다. 실제로 신라의 제28대 진덕 여왕까지는 모두 성골이다. 하지만 시간이 지날수록 성골의 수는 줄어들었다. 성골은 왕족 간 혼인을 통해서만 명맥을 유지할 수 있으며, 진골이나 다른 귀족과 결혼하여 낳은 자식은 진골이 되다 보니 순수 성골은 점차 사라져 갈 수밖에 없었다.

시간이 흘러 마침내 성골이 사라지자 진골 출신이 왕에 오를 수밖에 없었다. 진골 중 가장 처음 왕이 된 사람이 김춘추, 즉 무열왕이다. 무열왕 시기부터 성골은 자취를 감추고 진골이 신라 최고의 신분으로 자리 잡게 되었다.

불만이 많은 6두품 귀족

골품 제도는 겉으로 보기에 체계적인 제도지만 신라의 모든 귀족이 골품 제도에 만족한 것은 아니다. 성골이나 진골은 자신들의 특권을 인정해 주는 골품 제도에 문제를 제기하지 않았지만 6두품, 5두품, 4두품은 관직의 승진은 말할 나위 없고 일상생활까지 규제를 받았기에 불만이 많았다.

특히 6두품이 가장 큰 불만을 품었다. 5두품이나 4두품은 자신들의 신분이 낮은 것을 인정하고 받아들였지만, 진골 바로 아래인 6두품은 골품 제도로 인해 능력을 마음껏 발휘할 수 없다고 생각했다. 실제로 6두품 중에는 능력이 출중한 인물이 많았지만 높은 관직에는 오르지 못했다.

자신의 능력을 인정받지 못한 6두품 중에는 신라를 떠나 중국 당나라로 가서 관리가 되는 사람들이 있었다. 당시 당나라는 외국인을 대상으로 하는 빈공과라는 시험이 있어 많은 신라인이 이 시험을 통해 당나라의 고위 관직에 진출했다. 당나라에서 높은 관직에 오를 정도로 우수한 6두품이지만, 신라에서는 골품 제도 때문에 승진에 제한이 있으니 불만이 많은 것은 당연했다.

이처럼 불만이 큰 6두품에게 능력을 발휘할 기회를 줄 수 있는 사람은 오직 왕뿐이다. 신라의 왕은 언제나 진골 귀족의 견제를 받아야 하는 입장이므로 그들과 사이가 좋지 않았다. 따라서 왕에게는 진골 귀족을 누를 수 있을 정도로 탁월한 능력을 가진 사람이 필요했고, 여기에 가장 적합한 존재가 6두품이었다. 능력도 있고 진골 귀족에 대한 감정도 좋지 않으니 왕으로서는 6두품과 손을 잡으면 진골 귀족의 견제를 피할 수 있었다. 또 6두품의 입장에서는 비록 골품 제도에 가로막혀 승진은 불가능해도 왕에게 인정받으면 국가의 중요한 일을 맡을 수 있으므로 왕과 손잡는 것은 반가운 일이었다.

그러나 이런 일은 왕이 진골 귀족의 견제를 뿌리칠 의지와 능력이 있을 때만 가능했기에 6두품이 항상 왕 옆에서 일한 것은 아니다. 다시 말해 6두품은 왕권이 셀 때 왕과 손잡고 정치의 주요 업무를 담당했지만, 왕권이 약할 때는 진골 귀족에게 밀려 정치에서 쫓겨날 수밖에 없었다. 결국 골품 제도에 대한 6두품의 불만은 신라에 대한 불만으로 이어져 그들은 나중에 반기를 들고 신라 멸망에 앞장선다.

골품 제도는 다른 나라에는 없는 신라 고유의 제도로 신라 귀족 사회의 특징을 여실히 보여 준다. 능력보다는 혈통을 중시하는 신라 사회의 폐쇄성을 적나라하게 드러내는 제도이기에 한편으로는 신라 발전에 걸림돌이 되었다. 이러한 골품 제도의 약점은 신라의 몰락에 영향을 미쳤다.

6두품의 능력과 한계를 보여 준 강수

　강수는 6두품 출신 학자이자 관리로 7~8세기 신라를 대표하는 문장가다. 당에 보내는 국서를 비롯하여 다른 나라와 주고받는 외교 문서 대부분을 강수가 썼고, 신라가 당과 동맹을 맺는 데에도 큰 활약을 했다. 당나라의 황제 고종이 신라의 왕자 김인문을 억류했을 때 풀어 줄 것을 청하는 글을 지어 보내자 감동하여 왕자를 돌려보냈다. 또한 당나라 장수 설인귀가 문무왕의 외교를 비판했을 때에도 강수가 나서서 국서를 지어 신라의 뜻을 전했다.

　이렇게 뛰어난 능력을 갖추었음에도 그의 최고 관직은 8등급에 불과했다. 6두품이라는 한계로 5등급 이상의 벼슬에 오를 수 없었기 때문이다. 자연히 강수는 평소 사회 제도나 인식에 불만이 클 수밖에 없었을 것이다. 자신이 지닌 능력과 뜻을 제대로 펼칠 수 없었던 강수처럼 당시 6두품들은 사회에 대한 불만을 품은 6두품이 많았다.

불타는 로마를 보며 시를 지은 네로 황제

로마 제국은 유럽, 아시아, 아프리카에 이르는 광대한 영토를 통치하며 오랜 기간 나라를 유지한 대제국이다. 로마 제국의 역사가 중요한 까닭은 유럽의 많은 나라가 그 영향하에서 성장했기 때문이다. 알파벳, 성당 건축, 크리스트교 문화 등 유럽 문화 대부분은 로마 제국에 기원을 두고 있다고 해도 과언이 아니다.

이처럼 의미 있는 나라다 보니 로마 제국을 대표하는 걸출한 영웅들은 상당히 많다. 카이사르, 아우구스투스, 마르쿠스 아우렐리우스, 콘스탄티누스, 유스티니아누스 등 모두가 그렇다. 그런데 영웅이 아닌 폭군으로 이름난 사람도 있다. 바로 네로 황제다.

네로는 아버지 클라우디우스 1세의 뒤를 이어 왕위에 올랐지만 친아들이 아니다. 클라우디우스 1세가 네로의 어머니 아그리피나와 재혼했고, 네로는 그의 양자가 되어 황실에서 지냈다. 네로는 어려서부터 총명하고 문학적 재능이 뛰어났는데, 어머니 아그리피나는 네로를 황제 자리에 앉히기 위해 남편 클라우디우스 1세를 독살했다. 그리고 네로는 열여섯 어린 나이에 황제가 되었다.

처음 5년간 네로는 훌륭하게 정치를 이끌어 갔다. 특히 귀족들로 구성된 원로원과 협치를 잘하고 신분보다 실력을 중시하는 인재 등용으로 정치를 발전시켰다. 또한 돈을 주고 관직을 사고파는 사람에게 엄벌을 내리는 등 부정부패 척결에도 앞장섰다. 이처럼 네로가 훌륭한 정치를 편 것은 주변에 많은 인재가 있었기 때문이다. 특히 근위 장관 브루스와 스승이자 철학자 세네카의 도움과 조언은 큰 힘이 되었다.

그런데 브루스가 병으로 죽고 나이 많은 세네카마저 정치에서 은퇴하자, 네로는 다른 사람의 말에 귀를 기울이지 않게 되었다. 평소에는 유쾌하고 재미있는 성격이지만 뭔가 기분 나쁜 일이 생기면 트집을 잡고 사람들을 위협했다. 게다가 자신의 기분을 상하게 하거나 황제의 권위에 도전하는 것처럼 느껴지면 사람들을 가차 없이 처형했다. 신하나 백성은 물론이고 어머니를 비롯한 가족을 죽이는 일조차 서슴지 않았다. 네로의 이런 광기 어린 행동에 두려움을 느낀 사람들은 차츰 등을 돌리기 시작했다.

그러던 어느 날 로마 시내 전체가 불에 탈 정도로 큰 화재가 나서 많은 사람이 피해를 보는 일이 발생했다. 역사학자들은 이 사건을 네로의 방화로 본다. 네로가 불타는 로마를 지켜보면서 음악에 맞추어 시를 썼다는 이야기가 전해지기 때문이다. 이전에

도 네로는 문학 작품을 구상한다며 여러 차례 불을 낸 이력이 있다. 하지만 네로는 이 불을 크리스트교도들이 낸 것이라고 하면서 크리스트교도들을 화형에 처했다. 그러고는 세금을 걷어 크리스트교도들을 처형한 자리에 황금 궁전을 지었다.

이러한 비정상적인 행보로 인해 원로원에서 황제를 교체해야 한다는 주장이 나오자, 네로는 반란을 꾀했다는 이유로 원로원을 탄압했다. 얼마 후 갈리아 지방에서 대규모 반란이 일어나 군인들이 집결했는데, 그중 일부 군인이 네로의 제거를 논의했다. 백성 가운데에서도 네로에게 반발하는 목소리가 커지자, 네로의 반대파 군인들은 반란을 진압하는 대신 네로를 붙잡기 위해 로마로 향했다. 네로는 로마 수호를 외쳤지만 왕실 경호 부대마저 반대파에 합류하며 자기편이 없어지자 자살하고 말았다. 그때 네로의 나이 서른하나였다.

네로가 죽고 난 후 로마 제국에는 현명한 황제 다섯 명이 등장하면서 로마의 평화, 일명 팍스 로마나 시대가 열렸다. 이때 로마 제국은 지중해를 둘러싼 넓은 영토를 차지하고 전성기를 누렸다. 로마로 이어지는 도로를 만들고 그 도로를 따라 이동하며 유럽 곳곳에 도시를 세웠다. 프랑스 파리나 오스트리아의 빈이 그 무렵 발전한 도시 중 하나다. 네로처럼 폭군도 있었지만 여러 현명한 황제가 연이어 나오면서 로마 제국은 발전을 이어 갔고, 그때 형성된 문화가 유럽 전역에 영향을 미치면서 오늘날의 유럽 문화가 형성되었다고 할 수 있다.

가야금이 열두 줄인 특별한 이유는 무엇일까?

고구려, 백제, 신라가 대결한 시대를 삼국 시대라고 부르는데 이 시대에 한반도에는 삼국 이외에 한 나라가 더 있었으니 바로 가야다. 가야가 있었음에도 가야를 빼고 삼국 시대라고 이야기하는 이유는 가야가 삼국에 비해 발전이 덜되었고 삼국처럼 강한 국가가 되기 전에 망해 버렸기 때문이다. 과연 가야는 어떤 나라일까?

알에서 나온 여섯 아이가 세운 가야

가야는 지금의 경상남도 지역에 세워진 나라다. 가야 건국과 관련해서는 다음과 같은 전설이 전해진다. 어느 날 하늘에서 황금알이 여섯 개 떨어졌는데 이를 신기하게 여긴 마을 어른들이 알들을 한곳에 모아 두었다. 그러나 시간이 지나도 알은 깨지지 않았다. 마을 어른들이 "거북아! 거북아! 머리를 내밀어라. 안 내밀면 구워 먹겠다"라고 노래를 부르자, 알 여섯 개가 차례로 깨지면서 여섯 아이가 나왔다. 이 아이들이 영토를 나누고 각각 나라를 세우니 그것이 바로 가야다.

김해 수로왕릉(왼쪽)과 수로왕비릉. 수로왕릉 양엽에는 무인석, 문인석이 서 있고 무덤의 높이는
5미터다. 수로왕비릉도 높이는 5미터고 수로왕릉과 비슷한 시기에 만들어졌을 것으로 미루어 보
면 돌무지덧널무덤일 가능성이 크다(그림 12, 13).

이 여섯 아이 중 한 명이 가야를 세운 인물로 알려진 김수로왕
이다. 김수로왕은 이후 왕비 허황옥을 만나 나라를 다스렸다. 허
황옥은 아유타국이라는 나라에서 왔다고 알려져 있는데, 부부가
합심하여 나라를 잘 다스려 백성의 사랑을 받았다고 한다.

이처럼 가야는 하나의 나라가 아니라 여섯으로 나뉜 나라여서
왕도 여섯 명이었다. 이렇게 나라가 나뉘어 있다 보니 하나로 합
쳐진 나라에 비해 힘이 약할 수밖에 없었다. 고구려·백제·신라
와 함께 존재했음에도 불구하고 가야가 여기에 끼지 못하는 것
은 나라의 힘이 약했기 때문인데, 가야의 힘이 약한 가장 결정적
이유가 여러 나라의 연합체라는 점이다.

가야 사람들의 마음을 하나로 – 가야금의 탄생

가야의 힘을 더욱 약하게 만든 것은 각각 언어와 풍속이 달랐다는 점이다. 가야에는 열두 개 마을이 있고 마을 간 공통점이 드물다 보니 가야 사람들은 힘을 모으지 못하는 경우가 많았다.

이 같은 가야의 단점을 극복하기 위해 만들어진 악기가 가야금이다. 가야금의 유래와 관련된 전설은 다음과 같다. 가야의 가실왕은 가야 사람들의 마음이 하나로 뭉치지 못하고 분열되는 것을 안타까워하다가 악사 우륵을 불렀다. 가야 사람들의 마음을 하나로 모을 수 있는 방법을 모색하라는 왕의 명을 받고 우륵은 고민에 빠졌다. 어떻게 하면 열두 마을 사람들의 마음을 하나로 모을 수 있을지 궁리하다가 열두 줄로 된 악기인 가야금을 만들었다. 이렇게 만들어진 가야금으로 우륵이 열두 마을의 이름을 붙인 노래를 만들어 연주하자, 마을들은 서로를 이해하고 화합했다고 한다.

물론 이 이야기는 사람들의 입을 통해 전해 내려오는 전설이기에 있는 그대로 믿기 어렵다. 가실왕에 대한 정확한 기록이 없어 내용을 100퍼센트 신뢰할 수도 없다. 하지만 가야금이라는 명칭을 통해 가야금이 가야에서 처음 만들어졌다는 점과 열두 마을의 힘을 모으기 위해 열두 줄로 구성된 악기가 탄생했다는 기록은 사실인 것으로 보인다.

철의 왕국 가야

가야금의 유래로 가야에는 열두 개의 지역과 문화가 있었음을 알 수 있다. 건국 신화에는 분명 가야가 여섯 개 국가로 이루어져 있고, 가야가 삼국과 경쟁할 때의 기록을 보아도 6가야라는 말이 나오는데 어떻게 된 것일까?

가야는 변한 지역에서 탄생한 나라다. 삼국 시대 이전 초기 국가 중 삼한의 한 나라인 변한 지역에서 소국들이 힘을 합치다 가야가 성립된 것이다. 그런데 원래 변한 지역에는 열두 소국이 있었으니 그 전통이 고스란히 남아, 가야라는 국가가 성립된 후에도 각기 다른 언어와 풍속을 지닌 열두 마을이 있었다고 볼 수 있다.

가야는 비록 고구려, 백제, 신라처럼 발전된 나라로 성장하지는 못했지만 600여 년 동안 나라를 유지했고 때로는 삼국을 위협하기도 했다. 특히 가야는 경제적으로 풍요로웠고 우수한 무기를 보유하고 있었는데 바로 철 덕분이다. 경주가 신라를 대표하듯 가야를 대표하는 김해는 한자로 金海라고 쓰는데 이는 '쇠[철]의 바다'라는 뜻이다. 당시 철은 다른 나라와 무역할 때 돈처럼 쓰였기 때문에 가야는 다른 나라에 '덩이쇠'라고 불리는 철 덩어리를 팔아 부자가 될 수 있었다.

철이 풍부한 가야는 이를 이용해 강력한 무기를 만들었으며,

특히 가야가 만든 철갑옷은 다른 나라에는 없는 것이었기에 전쟁에서 승리할 수 있는 비결이 되었다. 이런 풍부한 철과 철제 무기 덕분에 가야는 오랫동안 나라를 유지할 수 있었다.

옛날부터 전해지는 전설에는 슬픈 사랑 이야기가 많다. 그 이야기들 중 호동 왕자와 낙랑 공주의 이야기를 빼놓을 수 없다. 과연 호동 왕자와 낙랑 공주는 우리에게 어떤 이야기를 전해 주고 있을까?

스스로 울리는 북 자명고에 얽힌 일화

고조선을 멸망시킨 중국의 한나라는 고조선 지역을 통치하기 위해 모두 네 곳에 군대를 두고 행정 구역을 설치했는데 이를 한4군이라고 한다. 한4군이 있다는 것은 중국이 우리 민족을 지배

한다는 뜻이므로 우리 민족은 한4군을 몰아내기 위해 힘을 합쳐 대항했고 그 덕분인지 한4군의 힘은 점차 약해져 갔다. 힘이 약해진 한4군은 하나둘 한반도에서 쫓겨났지만, 그 가운데 가장 강한 낙랑은 고구려가 세워진 후에도 변함없이 자신의 힘을 유지했다.

우리 민족의 입장에서 낙랑은 반드시 물리쳐야 하는 적이었기 때문에 고구려는 낙랑을 물리치고자 최선의 노력을 다했다. 하지만 낙랑은 쉽게 무너지지 않았는데, 그 이유는 자명고 때문이라고 한다.

자명고란 이름 그대로 '스스로 울리는 북'으로, 적이 쳐들어오면 저절로 울려 자고 있는 병사들을 깨웠다는 전설의 북이다. 전쟁을 하려면 몰래 적의 진영으로 쳐들어가는 일도 필요한데, 자명고가 저절로 울려 대니 낙랑의 군대는 언제나 준비를 하고 있는 것이나 마찬가지여서 전쟁은 늘 낙랑의 승리로 끝났다.

이런 낙랑의 공주와 고구려의 호동 왕자는 서로 사랑하는 사이였다고 한다. 서로를 물리쳐야 하는 원수 국가의 공주와 왕자가 사랑하는 사이니 두 사람은 서로의 사랑을 숨기고 남의 눈을 피해 만나야만 했다. 어느 날 고구려는 낙랑에 쳐들어갈 대규모 계획을 세웠고 호동 왕자도 참여하게 되었다. 목숨을 걸고 싸우는 전쟁인 만큼 호동 왕자는 낙랑 공주를 만나 마지막이 될지도

모를 인사를 했다. 호동 왕자를 사랑하는 낙랑 공주는 혹시나 전쟁에서 호동 왕자가 죽게 될까 걱정되어 어떻게든 호동 왕자를 돕고 싶었다.

호동 왕자를 위해 자신이 할 수 있는 일을 찾아 고민한 낙랑 공주는 결국 사랑을 위해 나라를 배신하게 된다. 호동 왕자를 살리기 위해 고구려가 낙랑에 쳐들어오는 날 자명고를 찢고 만 것이다. 자명고가 찢긴 사실을 모르는 낙랑의 병사들은 적이 쳐들어오면 자명고가 저절로 울릴 것이라 믿고 마음 편히 자고 있었다. 마침내 고구려 군대가 공격해 왔고 낙랑의 군대는 패하고 말았다.

고구려가 승리한 이후 낙랑 공주에 관해서는 여러 이야기가 전해진다. 사랑을 위해 자명고를 찢었지만 나라를 배신했다는 죄책감에 자살했다는 이야기가 있는가 하면, 낙랑 공주가 자명고를 찢었다는 사실을 뒤늦게 알고 화가 난 아버지 손에 죽었다는 이야기도 있다. 어떤 이야기가 사실인지 알 수는 없으나 전쟁 후 낙랑 공주가 죽음을 맞이하며 호동 왕자와 낙랑 공주의 사랑 이야기는 슬픈 결말로 끝난다.

물론 위 이야기가 모두 사실은 아닐 것이다. 더군다나 자명고처럼 스스로 울리는 북이 있었다는 것은 믿기 힘들다. 그런데도 이 이야기가 전설처럼 전해지는 이유는 그만큼 낙랑을 물리치기가 어려웠기 때문이다. 중국과 힘을 겨룰 정도로 강하고 삼국 중 전투력에서 가장 앞선 고구려조차 낙랑을 몰아내기는 것은 힘든 일이었던 것이다.

그런데 고구려가 그런 낙랑을 몰아냈다는 것은 고구려의 힘이 이전보다 막강해졌음을 보여 준다. 기록상 낙랑을 완전히 쫓아낸 왕은 미천왕인데 그 뒤를 이어 소수림왕, 광개토 대왕, 장수왕 등 이 등장하면서 고구려는 전성기를 맞이했다. 즉 미천왕 시대에 낙랑을 물리친 사실은 고구려가 영토를 넓힘과 동시에 강력한 국력을 가진 나라로 성장했음을 보여 준다고 할 수 있다.

고구려 발전의 기틀을 마련한 소수림왕

많은 사람이 고구려 하면 광개토 대왕이나 장수왕을 떠올리지 만 둘 못지않게 위대한 업적을 남긴 왕이 바로 소수림왕이다. 소 수림왕은 미천왕 2대 후, 광개토 대왕 2대 전 왕이다. 미천왕 때 강성해진 고구려를 소수림왕이 발전시키고 광개토 대왕에 이르 러 전성기를 맞았다고 할 수 있다. 소수림왕은 14년밖에 통치하 지 않았지만 고구려 역사에 길이 남을 훌륭한 업적이 많다.

소수림왕의 첫 번째 업적으로는 불교 수용을 들 수 있다. 삼국 이 성립할 당시 우리나라에는 원시 종교가 있기는 했지만 나라를 대표할 종교는 없었다. 이후 중국에서 불교가 전해져 고구려에서는 소수림왕이 불교를 공식적으로 수용했다. 당시의 불교 수용은 단순히 선진 종교를 받아들이는 것 이상의 의미를 지녔다. 우리나라에 소개된 불교에서는 현실 세계에 부처가 없으므로 왕이 부처 역할을 한다는 논리를 폈으며, 이 논리는 왕권 강화로 이어졌다. 다시 말해 불교가 수용되면서 왕권이 강화되고 나라가 발전하게 되었는데, 이 일이 고구려에서는 소수림왕 때 이루어진 것이다.

소수림왕의 두 번째 업적으로는 율령 반포를 들 수 있다. 율령이란 오늘날의 법과 같은 것으로, 대부분의 나라가 처음에는 법이라고 불릴 만한 체계가 없다가 나라의 모습이 완성되고 안정되면서 율령을 만들어 갔다. 고구려에서는 소수림왕 때 율령이 반포되었다. 이 이야기인즉 고구려라는 나라의 틀이 갖추어진 것으로 해석할 수 있다.

소수림왕의 세 번째 업적은 태학 설립이다. 태학은 최고 수준의 공부를 하는 고구려의 국립 대학으로 국가에서 운영했다. 태학을 세웠다는 것은 국가에서 학식이 뛰어난 인재를 뽑겠다는 의지를 보여 준 것이다.

이렇듯 소수림왕은 짧은 재위 기간에도 불구하고 고구려 발전에 기틀이 되는 위대한 일을 많이 했다. 미천왕 때 낙랑을 몰아내며 이룬 영토 확장과 소수림왕 때 이룬 국가 기반 마련이 발전의 원동력이 되어 고구려의 전성기로 이어진 것이다.

백제는 어떻게
삼국 중 가장
먼저 강성해졌을까?

삼국 시대에 고구려, 백제, 신라는 서로 경쟁하며 발전을 거듭했는데 세 나라 가운데 가장 먼저 강해진 나라는 백제다. 고구려 광개토 대왕과 장수왕의 명성, 신라의 김춘추·김유신의 삼국 통일이라는 유명세에 비해 백제에 관해서는 알려진 역사적 사실이 적은 편이다. 하지만 백제는 고구려와 신라가 힘을 키우기 이전에 이미 일본과 중국에까지 영향을 미칠 정도로 강성했다.

삼국 중 가장 좋은 곳에 위치한 백제

고구려, 백제, 신라는 각각 저마다 장점을 지니고 있었는데 백제의 가장 큰 장점은 나라가 위치한 지역이다. 백제를 세운 온조가 처음에 자리 잡은 한강 유역은 한반도에서 굉장히 중요한 지역이다.

예나 지금이나 생활하기에 좋은 장소는 주변에 강이 있는 평지다. 그래야 식수 등 물을 구하기 쉽고 삶의 터전을 마련하기에도 유리하다. 특히나 농사가 가장 중요한 경제 수단이던 옛날에는 강의 존재가 오늘날보다 한층 중요했다. 그중에서도 한강 유역은 다른 강보다 더 중요한 의미를 갖고 있었다.

근대화 이전까지 우리나라는 선진 문물을 주로 중국에서 들여왔으며, 한강 유역은 서해 바다를 통해 중국과 교류하기에 대단히 좋은 지역이다. 게다가 한반도의 한가운데 위치하다 보니 교통이 발달하여 남부와 북부 지방으로 세력을 확장하기에도 적합하여 삼국은 영토 다툼을 할 때 가장 먼저 한강 유역을 차지하기 위해 애썼다.

이렇게 중요한 한강 유역에 자리를 잡고 나라를 세웠으니 백제는 큰 힘 들이지 않고 한반도에서 가장 좋은 지역을 차지한 셈이다. 한강 유역을 기반으로 세워진 백제는 고구려나 신라보다 한발 앞서 발전할 수 있었다.

백제는 3세기 고이왕 때 이미 관리의 등급을 정하고 관리가 입는 관복의 체계를 갖추었는데, 신라에서 관료들의 옷이 제정된 시기가 6세기 초 법흥왕 때인 점을 감안하면 백제의 제도 정비는 신라보다 무려 250년 정도 빨랐다. 불교의 공인은 4세기 말 침류왕 때 이루어졌다. 이는 고구려의 불교 수용과 비슷한 시기고 신라보다는 약 150년 정도 앞선 것이다.

한강 유역은 한반도 한가운데에 위치하고 있어 군사적으로 중요하고 중국으로의 진출에 유리해 문물의 수용이나 나라의 발전면에서 한반도의 핵심 지역이다. 삼국은 처음에는 이러한 중요성을 미처 깨닫지 못했지만 시간이 지남에 따라 인식하게 되어 고구려, 백제, 신라는 이 지역을 차지하기 위해 전쟁도 불사하게 되었다. 사정이 이렇다 보니 이곳을 가장 먼저 차지한 백제는 자신의 영토를 지키기 위해 온 힘을 기울여야만 했다.

결국 4세기 백제 땅이던 한강 유역은 5세기에는 고구려 땅이 되었다가 6세기에는 신라가 차지하게 되었고, 신기하게도 한강 유역을 차지하고 있을 때 삼국 모두 전성기를 맞았다. 즉 한강 유역을 차지했을 때 나라의 발전이 이루어졌다고 볼 수 있다.

일본에까지 이름을 알린 근초고왕

근초고왕은 346~375년까지 30년간 재위하며 백제를 통치했는데 이 시기가 백제의 전성기다. 대체 근초고왕은 어떤 일을 했을까?

근초고왕의 업적 가운데 첫 번째로 꼽을 수 있는 것은 영토 확장이다. 근초고왕은 예전 마한 지역을 완전히 점령하여 모두 백제 땅으로 만들었기에 백제 영토가 전라도 남해안 지역까지 미쳤다. 또한 북쪽으로도 영토를 확장했는데 북쪽으로 진출하려면 고구려와의 전쟁을 피할 수 없었다. 고구려는 군사적으로 강한 나라이므로 아무리 근초고왕이라고 해도 고구려와의 전쟁은 쉽지 않았다. 하지만 근초고왕 통치 시기 백제는 막강한 군사력을 갖추고 있어 고구려의 왕 고국원왕을 전사시키며 전쟁에서 승리했다. 이로써 백제는 고구려 땅 일부를 차지하고 북쪽으로 영토를 확장할 수 있었다.

한반도에서 영토를 확장한 근초고왕은 거기에서 멈추지 않고 대외 진출을 꾀하여, 중국의 요서 지방과 산둥 반도에 진출했고 일본의 규슈 지방에도 그 세력을 미쳤다. 근초고왕의 이러한 대외 진출로 그의 명성은 중국과 일본에까지 알려졌다. 실제로 일본의 역사책에는 근초고왕과 그의 아들 근구수왕에 대해 자세히 기록되어 있다. 우리나라의 옛날 역사책에는 다른 나라 왕들에 관한 기록이 거의 없다는 점을 고려할 때, 당시 근초고왕의 명성이 얼마나 대단했는지 알 수 있는 대목이다.

중국의 삼국 시대

우리나라가 삼국 시대일 때 중국은 어떤 시대였을까? 재미있게도 우리나라 삼국 시대 초반, 중국도 삼국 시대였다. 그리고 중국의 삼국 시대는 소설 《삼국지》를 통해 많은 사람에게 알려져 있다. 하지만 《삼국지》는 소설이다 보니 실제 역사와는 다른 점이 있다.

첫째, 소설 《삼국지》에서는 유비를 비롯하여 관우·장비·제갈량 등이 포진하고 있는 촉나라를 주인공처럼 묘사하고 촉나라의 전략이 굉장히 뛰어난 것으로 되어 있다. 이는 실제와 다르다. 중국의 위·촉·오 삼국 중 가장 강한 나라는 조조가 이끈 위나라다. 위나라는 세 나라 중 가장 땅이 넓었을 뿐만 아니라 중국 정치의 중심지인 황허강 유역을 차지하고 있어 삼국을 대표하는 강국이었다고 볼 수 있다.

둘째, 소설 《삼국지》에서 조조는 약삭빠르고 잔머리를 잘 굴리는 파렴치한 성격의 소유자로 묘사되어 있지만, 실제 조조는 그런 인물이 아니다. 조조는 위·촉·오를 이끈 세 인물 조조·유비·손권 가운데 가장 뛰어난 지도력과 비상한 두뇌 그리고 카리스마를 지닌 인물이고, 실제 위나라에는 많은 인재가 모여 조조를 따랐다고 한다. 그럼에도 조조를 그렇게 그린 것은 한나라 왕실의 후손 유비를 돋보이게 하려고 조조를 깎아내린 결과라고 할 수 있다.

셋째, 소설 《삼국지》와 실제 역사의 상황이 다르다. 소설에서는 삼국 시대의 많은 영웅이 등장하여 중국을 호령하는 것처럼 묘사하고 있고 민중이 영웅들의 행보에 박수를 보내는 것처럼 그리고 있다. 그러나 사실 역사 속 삼국 시대는 먹을 게 없어 수많은 사람이 굶어 죽은 최악의 시대다. 한나라 말기부터 시작된 식량 부족 문제는 삼국 시대까지 이어져 비참하기 이를 데 없는 상황이었다. 기록에 "서로 인육을 먹고", "노약자가 길거리에 버려지는" 등의 표현이 나올 정도로 참혹하여, 한나라 말기인 2세기 중반 약 5천만 명이 넘던 중국 인구가 삼국 시대 초기에는 세 나라를 합해도 약 500만 명에 불과할 정도로 줄어들었다.

이렇게 혹독한 시대였지만 분열된 나라를 통일하고자 한 영웅들의 이야기에 매료되어 아직까지 많은 사람이 소설 《삼국지》를 읽는다. 《삼국지》에 나오는 인물 중 가장 인기가 높은 인물은 관우다. 남다른 충성심과 의리, 용맹함 그리고 특출난 외모를 겸비한 관우는 영웅다운 면모를 보여 주는 인물이다. 구척장신에 석자나 되는 수염을 휘날리며, 적토마를 타고 청룡 언월도를 휘두르며 적과 싸우는 모습이 그려져 있어《삼국지》를 읽은 사람이라면 누구나 관우의 팬이 되고 만다. 관우의 제사를 지내는 사당이 지금도 중국과 우리나라를 비롯한 아시아 지역에 존재하는 것만 보아도 관우를 향한 사람들의 마음을 알 수 있다.

제갈량의 신묘한 이야기 역시 사람들의 관심을 끈다. 한번은 제갈량이 1주일 안에 혼자서 화살 수만 개를 만들 수 있다고 이야기하자, 사람들은 믿지 않으며 내기를 하자고 했다. 그런데 제갈량은 내기 첫날부터 화살을 만들기는커녕 누워서 잠만 잤다. 부지런히 만들어도 장담한 화살을 만들기 힘든데 유유자적한 제갈량을 보며 사람들은 어이없어했다.

마침내 내기의 마지막 날이 왔다. 한 치 앞도 안 보일 정도로 안개가 자욱하게 드리워진 밤에 제갈량은 배를 타고 조조의 병사들이 지키고 있는 강가로 갔다. 그러더니 북을 울렸다. 조조의 병사들은 안개 때문에 아무것도 보이지 않지만 북소리에 적이 쳐들어온 것이라고 생각하고는 배를 향해 활을 쏘아 대기 시작했다. 다음 날 아침 제갈량은 배에 조조의 병사들이 쏜 화살 수만 개를 가득 싣고 돌아왔다.

소설《삼국지》에는 촉나라 영웅들의 많은 이야기가 등장하지만 실제로 삼국을 통일한 것은 위나라 출신 사마의의 후손 사마염이다. 사마염은 조조의 아들 조비로부터 왕위를 빼앗아 나라 이름을 '진'으로 고친 후 삼국을 통일했다. 결국 삼국 통일의 꿈은 위나라의 조조도 촉나라의 유비도 아닌 진나라의 사마염이 이룬 셈이다.

신라 사람들은 왜 광개토 대왕의 제사를 지냈을까?

　신라의 수도였던 경주에서는 수많은 유물이 발견되었는데 그 중 특이한 것이 하나 있다. 제사를 지낼 때 사용한 것으로 보이는 그릇으로 경주의 무덤 가운데 호우총에서 발견된 호우명 그릇이다. 이 그릇이 사람들의 관심을 끄는 이유는 그릇 밑바닥에 새겨져 있는 글자 때문이다.

신라에서 지낸 고구려 광개토 대왕 제사

"을묘년 국강상 광개토지호태왕 호우십."

　이것이 경주에서 발견된 제사용 그릇 밑바닥에 새겨져 있는 글이다. 을묘년에 광개토 대왕의 제사를 지냈다는 뜻이 담긴 이 글 때문에 그 그릇을 '호우명 그릇'이라고 부른다. 제사를 지낼 때 사용한 이 평범한 호우명 그릇이 중요하게 여겨지는 까닭은 발견된 곳이 고구려가 아닌 신라의 수도 경주이기 때문이다.

세상을 떠난 왕의 제사를 지내는 것은 지극히 당연한 일이다. 그런데 신기한 것은 신라에서 고구려 왕의 제사를 지냈다는 점이다. 신라에서 신라 왕의 제사를 지내고 고구려에서 고구려 왕의 제사를 지내는 것은 전혀 문제 될 것이 없다. 하지만 신라에서 고구려 왕의 제사를 지내는 것은 상식적으로 납득하기 어려운 일이다.

이 특이한 일은 두 가지로 해석할 수 있다. 신라 사람들이 고구려의 광개토 대왕을 존경한 나머지 다른 나라의 왕임에도 제사를 지냈다고 보거나 또 하나는 신라의 수도에 신라 사람이 아닌 고구려 사람들이 머물고 있어 그들이 광개토 대왕의 제사를 지냈다고 볼 수 있다.

군대를 보내 신라를 도운 광개토 대왕

호우명 그릇의 수수께끼를 풀기 위해서는 광개토 대왕과 신라의 관계를 알아보아야 한다. 광개토 대왕의 구체적인 업적은 광개토 대왕릉비에 자세히 기록되어 있으며, 그 기록으로 광개토 대왕이 신라에 군대를 보낸 적이 있음을 확인할 수 있다.

신라 내물왕의 통치 무렵 일본은 신라에 군대를 보내 한반도 남부를 점령하려 했다. 내물왕 시절 신라는 아직 왕이라는 칭호를 사용하지 못할 만큼 왕과 국가의 힘이 약했기에 일본 군대와 맞서 싸우는 것은 힘겨운 일이었다. 이에 내물왕은 고구려 광개토 대왕에게 도움을 요청했고 광개토 대왕은 신라를 돕기 위해 고구려 군대를 신라에 보냈다.

막강한 고구려 군대가 일본군을 물리쳐 신라는 일본의 침략으로부터 벗어날 수 있었다. 이후 한동안 신라에 머물며 신라를 통치한 고구려 군대가 광개토 대왕의 제사를 지낼 때 사용한 그릇이 바로 호우명 그릇이다.

임나일본부설의 진실

호우명 그릇의 발견은 신라가 고구려의 지배를 받고 있었음을 보여 주는 증거다. 이 그릇이 중요한 또 다른 이유는 일본이 주장하는 임나일본부설이 거짓임을 증명해 주기 때문이다.

일본의 일부 학자가 주장하는 임나일본부설이란 삼국 시대에 일본이 한반도 남부 지역인 신라·가야 및 백제에 '일본부'라는 통치 기관을 두고 한반도를 식민 지배했다는 것이다. 일본의 학자들이 임나일본부설을 주장하는 가장 결정적인 근거는 일본의 역사책《일본서기》에 실려 있는 임나일본부에 대한 기록이다.

대가야 시대 궁궐터로 알려진 경상북도 고령에 있는 대가야국성지비. 일제 강점기에 임나일본부설을 주장하며 임나대가야국성지라고 새긴 비석을 세웠으나, 광복 후 '임나'를 지웠고 지금은 독립기념관에 있다. 현재 있는 비는 1990년에 새로 세운 것이다(그림 14).

《일본서기》에 따르면, 왜군이 369년 한반도에 건너와 한반도 남부 일부 지역을 점령한 뒤 임나(가야)에 일본부를 설치했으며 562년 일본부가 신라에 멸망당했다고 한다. 다시 말해 일본은 369~562년 200여 년간 한반도 남부를 지배했고, 그 식민 지배의 중심 기관이 임나일본부라는 것이다.

《일본서기》의 기록대로라면 일본이 우리나라를 식민 지배한 것이 사실이겠지만, 이 책의 서술이 여러 측면에서 신빙성을 의심받고 있다는 점에 주목해야 한다.

일본의 학자들조차 《일본서기》에는 조작된 내용이 많다고 의구심을 제기한다. 따라서 임나일본부설은 역사책에 나와 있는 내용임에도 불구하고 일본의 학자들 사이에서도 사실이라는 의견과 거짓이라는 의견이 팽팽히 맞서고 있다. 문제는 일본의 일부 학자가 임나일본부설을 사실로 믿고 우리나라가 매우 오래전부터 일본의 식민지였다고 주장한다는 점이다. 심지어 임나일본부설은 일본의 몇몇 교과서에 서술되어 있다.

이 같은 임나일본부설이 거짓임을 증명하는 결정적 증거가 바로 호우명 그릇이다. 호우명 그릇에는 제사를 지낸 연도와 제사의 주인공인 광개토 대왕의 이름이 분명하게 새겨져 있는데, 그 시기가 공교롭게도 일본이 우리나라를 지배했다고 주장하는 시기와 정확하게 일치한다. 일본이 주장하는 임나일본부설이 사실이라면 그 시기에 신라에서는 광개토 대왕이 아닌 일본 왕의 제사를 지냈어야 한다. 그런데 그때 신라는 광개토 대왕의 제사를 지내고 있었으니 신라에 영향을 미친 나라는 일본이 아니라 고구려였다고 할 수 있다. 즉 호우명 그릇은 임나일본부설이 거짓임을 보여 주는 명확한 증거다.

한반도 남부까지 영향을 미친 고구려

광개토 대왕은 우리나라의 많은 왕 중에서 특히 유명한 왕으로, 이름에서 알 수 있듯 넓은 땅을 차지하고 통치한 왕이다. 광개토 대왕은 주로 만주 지역으로 영토를 확장하며 고구려의 통치 지역을 북쪽으로 넓혀 놓았다. 광개토 대왕이 만주 지역의 영토 확장에만 신경 쓴 것은 아니다. 신라에 쳐들어온 일본 군대를 물리치고 한반도 남부까지 점령하여 만주와 한반도 전역을 통치한 것이다.

광개토 대왕은 왕위에 오르자마자 '영락'이라는 연호를 사용했는데, 연호는 중국의 황제만 정할 수 있는 것이다. 광개토 대왕이 연호를 정했다는 사실은 스스로 중국의 황제와 동등한 위치라고 여겼음을 말해 주며, 자신의 막강한 힘을 다른 나라에도 알린 것으로 볼 수 있다. 그 밖에도 정치 체제를 정비하고 불교를 장려하는 등 국내 정치에 여러 업적을 남겼다.

391~412년 20년 남짓 왕의 자리를 지킨 광개토 대왕은 서른아홉에 세상을 떠났다. 다른 왕에 비하면 결코 긴 시간 왕위에 있었던 것은 아니지만 그 시기에 고구려는 만주에서 한반도 남부까지 통치할 정도로 막강해졌다. 과연 명성만큼이나 위대한 왕이었다고 하겠다.

가야에서는
왜 여자가 군인이 되어
전쟁에 나갔을까?

가야는 비록 고구려, 백제, 신라처럼 강성하지는 못했지만 경제적으로나 군사적으로 큰 발전을 이룬 나라였다. 그러나 결국 가야의 대표 국가인 금관가야가 약화되면서 어려움을 겪는다. 금관가야는 왜 약해졌을까?

광개토 대왕의 가야 진출

내물왕의 요청으로 신라에 와서 일본군을 물리친 고구려 광개토 대왕의 군대가 신라에만 머문 것은 아니다. 신라는 가야와 영토가 맞닿아 있는 데다 신라에 진출한 고구려 군대는 일본을 몰아내는 과정에서 가야 지역에도 들어갔다. 당시 일본 군대는 가야 지역에도 침략했을 것으로 추측되고, 고구려 군대는 일본군과 싸우는 과정에서 자연스럽게 가야에 진출한 것이다. 그러나 가야의 입장에서는 고구려의 침략으로 여겨질 수밖에 없었다. 그뿐만아니라 일본군을 몰아낸 뒤에 고구려 군대는 신라와 가야에 남아 영향력을 행사했다.

이에 가야는 고구려와 맞서 싸워야만 했고 가야의 여섯 나라는 가장 힘이 센 금관가야를 중심으로 뭉쳤다.

금관가야에서 대가야로 주도 세력이 바뀐 까닭

가야는 낙동강을 중심으로 여섯 국가가 연맹하여 하나의 나라를 이루고 있었는데 6가야란 금관가야(지금의 경상남도 김해), 아라가야(지금의 경상남도 함안), 소가야(지금의 경상남도 고성), 대가야(지금의 경상북도 고령), 고령가야(지금의 경상북도 상주), 성산가야(지금의 경상북도 성주)를 말한다. 이 중 가장 먼저 세워지고 가장 세력이 강한 나라가 금관가야다.

금관가야의 힘이 막강하므로 나머지 다섯 개 가야는 금관가야를 중심으로 뭉쳤다. 이를 전기 가야 연맹이라고 일컫는다. 금관가야가 자리 잡은 김해는 철이 풍부한 곳이어서 금관가야에서는 철기 문화가 발달했다. 그리고 철기 문화가 발달한 가야는 당연히 전쟁 도구나 무기 제작에 있어 다른 나라보다 앞서 나갔다.

또한 금관가야는 낙동강 하류에 자리 잡고 있고 바다와 가깝다 보니 다른 나라와의 무역에도 유리했다. 말하자면 군사적으로나 경제적으로나 주변 국가인 신라와 백제에 뒤지지 않았던 것이다.

그러나 백제와 신라 입장에서는 가야의 존재가 달갑지 않았다. 남쪽에 자리 잡고 있는 가야가 세력 확장에 걸림돌이 될 뿐 아니라 가야가 위치한 곳이 무역에 유리한 곳이었기 때문이다. 따라서 백제와 신라는 가야 땅을 호시탐탐 노렸다. 그런데 가야는 철기 문화를 바탕으로 군사력과 경제력을 갖추고 있어 백제나 신라에 당할 만큼 호락호락하지 않았다.

그런 가야가 큰 위기를 맞게 되니 바로 고구려 군대의 침략이었다. 신라에 진출한 고구려 광개토 대왕의 군대는 가야 지역까지 들어왔고, 고구려의 군사력은 신라나 백제의 군사력과는 비교도 안 될 만큼 막강했다. 가야는 금관가야를 중심으로 똘똘 뭉쳐 고구려에 대항했으나 결국 패하고 말았다.

고구려와의 전투에서 패배하면서 가장 큰 피해를 본 나라는 금관가야였다. 6가야 중 가장 강력한 금관가야지만 고구려 군대에게 패하면서 몰락 상태에 빠져 더 이상 가야 연맹을 이끌 수 없게 되었다. 고구려의 침략 이후 가야는 금관가야 대신 대가야를 중심으로 새롭게 뭉치게 되는데 이것이 후기 가야 연맹이다.

여자들이 남자를 대신해 전쟁에 나서다

당시 가야가 다른 나라와의 전투에서 밀리지 않은 이유는 철로 만든 갑옷 덕분이다. 풍부한 철을 이용해 갑옷을 만들어 입었으니 웬만한 공격에는 끄떡없었다. 그런데 가야보다 우수한 갑옷을 만든 나라가 고구려다.

가야의 갑옷은 통철로 만들어져 튼튼하기는 하지만 무겁고 답답해 움직임이 둔했다. 반면 고구려의 갑옷은 작고 얇은 물고기 비늘 모양의 철판을 촘촘히 연결해 만든 것이라 가벼우면서 움직임이 자유로웠다. 철의 이용 면에서 고구려가 가야보다 앞섰던 것이다.

고구려와의 전투에서 패한 금관가야의 남자들은 대부분 포로로 끌려갔다. 이렇게 가야가 쇠약해지자 이번에는 그동안 가야 지역으로의 진출을 노린 신라가 가야에 쳐들어왔다. 이미 남자들이 잡혀가고 없는 상황에서 신라의 침략을 받은 금관가야에서는 여자들이 남자를 대신해 전쟁에 나설 수밖에 없었다. 갑옷이 있어 여자들도 싸움에 참여할 수는 있었지만 전쟁에서 패하고 만다. 연이은 패배로 금관가야는 멸망 직전으로 몰리고 마침내 가야 연맹의 중심 자리를 대가야에게 넘겨주었다.

대가야를 중심으로 한 후기 가야 연맹은 전열을 가다듬고 새로운 도약을 준비했지만, 금관가야가 약해진 상태인 만큼 가야 전체의 힘은 강성해지지 못했다. 그럼에도 가야 연맹은 나라의 모습을 유지하며 발전해 나가다가 금관가야가 532년, 대가야가 562년 신라의 공격으로 망하면서 역사 속으로 사라졌다.

여러 나라에 영향을 준 가야의 선진 문화

강력한 왕을 중심으로 하는 중앙 집권 국가로 성장하지 못하고 멸망한 가야지만 그들의 문화는 여러 나라에 영향을 주었다.

일본의 유명한 스에키 토기는 가야 토기와 모양이 거의 같으며, 신라가 남긴 여러 토기 중에도 가야의 것과 흡사한 것이 많다. 연대를 측정한 결과 대부분 가야의 토기가 앞서 제작된 것으로 보아 다른 나라가 가야의 문물을 받아들여 그와 비슷한 것을 만들었다고 볼 수 있다. 토기 외에 가야인이 만든 덩이쇠와 철제 갑옷 등 무기들도 지금까지 전해지는데 상당히 수준 높은 것임을 확인할 수 있다. 고구려, 백제, 신라만큼 발달하지는 못했지만 가야 역시 우리 민족이 세운 국가로 우리 민족의 성장과 발달에 한몫했음을 알 수 있다.

그간 가야 문화는 삼국 문화에 비해 관심을 덜 받았고 발굴도 활발하게 이루어지지 못했을 뿐 아니라 관리 소홀로 많은 유물이 훼손되기까지 했다. 가야의 문화와 역사에 대한 더 많은 관심과 연구가 필요하다.

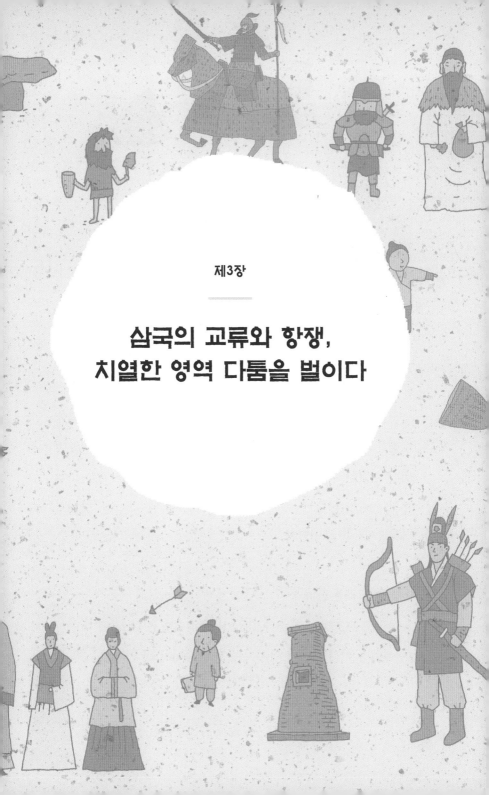

제3장

삼국의 교류와 항쟁,
치열한 영역 다툼을 벌이다

삼국 사람들은 서로 말이 통했을까?

고구려, 백제, 신라 삼국은 서로 더 많은 영토를 차지하기 위해 전쟁을 하기도 하고 주도권을 갖기 위해 신경전을 벌이기도 하면서 치열하게 경쟁했다. 그럼에도 세 나라는 통일을 위해 노력했고 신라는 통일 후 고구려, 백제 사람들을 백성으로 받아들였다. 그 이유는 무엇일까?

삼국, 우리는 하나

삼국은 고조선이 망한 후 고조선 땅에 들어온 한4군에 대항하며 세워진 여러 나라가 합쳐지는 과정 속에서 건국되었다. 즉 삼국은 서로 다른 나라지만 하나의 민족이었다. 국경이 나뉘어 있지만 하나의 민족으로 구성되었기에 같은 언어를 사용하고 서로 말이 통했다.

한 민족이 피치 못할 사정으로 한 나라가 아닌 여러 나라로 분열되는 경우는 많다. 예전에 독일이 동독과 서독으로 나뉘었던 경우나 현재 우리나라가 남한과 북한으로 갈라져 있는 경우가 그 예다. 하지만 서로 다른 나라로 나뉘었다고 민족까지 달라지는 것은 아니다. 왜냐하면 같은 역사를 공유하고 같은 언어를 사용하기 때문이다.

삼국 사람은 모두 같은 말을 사용했다

타임머신을 타고 옛날로 돌아가지 않는 한 그 옛날 고구려, 백제, 신라 사람들이 같은 말을 사용했는지 확인할 길은 없다. 따라서 옛날이야기 속에서 말이 통했는지 그렇지 않았는지를 추측할 수밖에 없는데, 그 사실을 알 수 있는 이야기 중 하나가 선화 공주 설화다.

신라 진평왕의 셋째 딸 선화 공주는 미모가 뛰어나기로 유명해서 백제까지 소문이 났다. 훗날 백제 무왕이 되는 서동은 이 소문을 듣고 선화 공주를 만나고 싶어 했다. 어릴 때 궁에서 쫓겨난 무왕의 본명은 부여장인데 '마(서여)를 파는 아이'라는 뜻에서 서동이라고 불렀다.

서동은 선화 공주를 만나려고 신라로 갔지만 백제에서 온 서동이 왕실의 공주를 만나는 게 쉬운 일은 아니었다. 서동은 꾀를 내어 신라 아이들에게 노래를 지어 부르게 했다. 그것이 바로 〈서동요〉다.

선화 공주님은

남몰래 사귀어 가두고

맛둥서방을

밤에 몰래 안고 간다

선화 공주가 사람들 눈을 피해 밤마다 외간 남자를 만나러 다닌다는 가사의 이 노래를 아이들이 유행가처럼 부르자, 진평왕은 화가 나 선화 공주를 궁에서 내쫓았다. 이유도 모른 채 억울하게 쫓겨난 선화 공주에게 서동은 친절을 베풀었고 두 사람은 서로 좋아하는 사이가 되어 백제로 가서 같이 지냈다고 한다.

이 이야기 속에서 서동은 신라로 가서 아이들에게 노래를 가르쳐 준다. 그 말은 신라 아이들과 백제의 서동이 서로 말이 통했다는 뜻이다. 또한 처음 만난 선화 공주와 서동이 서로 좋아하게 된 것 또한 말이 통하여 마음이 전달되었기 때문이다. 선화 공주

이야기를 통해 신라와 백제는 같은 언어를 사용했음을 확인할 수 있다.

삼국의 말이 통했음을 보여 주는 또 다른 이야기는 훗날 신라 무열왕이 되는 김춘추의 일화다. 김춘추는 왕이 되기 전 신라의 관리로 고구려 왕을 찾아갔다. 당시 신라는 백제의 끊임없는 침략으로 어려움을 겪고 있어 고구려에 도움을 청하러 간 것이다. 그러나 고구려 왕은 신라가 이전에 빼앗아 간 고구려 땅을 돌려줄 것을 요구하며 오히려 김춘추를 감옥에 가두었다.

꼼짝없이 감옥에 갇혀 죽을 날만 기다리던 어느 날 고구려 관리 한 명이 몰래 감옥으로 김춘추를 찾아왔다. 그 관리는 도와주고 싶다면서 김춘추에게 〈토끼의 간〉 이야기를 해 주었다. 용왕의 병을 고치기 위해 거북이가 토끼를 잡았으나 간을 집에 두고 왔다는 거짓말에 속아 토끼를 풀어 준다는 이야기다. 이 이야기를 들은 김춘추는 고구려 왕을 만나게 해 달라고 부탁했다.

왕을 만난 김춘추는 신라가 빼앗아 간 고구려의 땅을 돌려주겠다는 약속을 신라 왕에게 받아 오겠으니 자신을 신라로 보내 달라고 부탁했다. 이 말을 듣고 김춘추를 풀어 주었으나 김춘추는 신라로 돌아간 후 고구려로 돌아가지 않았다. 토끼가 거짓말로 거북이에게서 도망친 것처럼 김춘추도 거짓말을 해 풀려난 것이다.

이 이야기 속에서 신라 사람 김춘추는 고구려 사람과 자유롭게 의사소통을 한다. 특히 관리가 남의 눈을 피해 찾아와 김춘추를 도와주고자 〈토끼의 간〉 이야기를 해 주었다는 것은 말이 통하지 않고서는 불가능한 일이다. 다시 말해 신라와 고구려 역시 같은 말을 사용했다는 사실을 알 수 있다.

가야 역시 같은 언어를 사용했다. 삼국 통일의 주역이자 신라의 장군으로 유명한 김유신은 본디 가야 사람이었다. 가야가 신라에 멸망당한 후 일부 가야 사람은 신라에서 정치와 문화 활동을 했다. 이 역시 말이 통했기에 가능한 일이다.

나라는 달라도 민족은 하나

같은 역사적 배경과 같은 언어를 가진 삼국과 가야는 서로 나라는 달라도 같은 민족이었음이 분명하다. 이들의 항쟁과 교역은 한 민족이라는 의식 속에서 이루어졌고 통일은 언젠가는 이루어야 할 궁극의 목표였다.

현재 중국은 고구려를 중국의 역사라고 주장하며 고구려가 이룩해 놓은 수준 높은 문화유산과 역사를 자신들 것으로 거짓 홍보하고 있다. 하지만 분명 고구려는 중국의 한4군과 맞서 싸우는 과정에서 성장하고 발전한 우리 민족의 나라다. 고구려는 신라, 백제와 마찬가지로 우리 민족이 세운 나라이고 삼국의 역사 모두 우리 민족의 역사임을 반드시 기억해야 한다.

장수왕은 왜 수도를 평양성으로 옮겼을까?

한 나라의 중심인 수도를 옮긴다는 것은 대단히 어려운 일이어서 그만큼 특별한 의미가 있을 때만 가능한 일이다. 실제로 신라는 나라가 세워진 후 통일 신라가 망하는 1천 년 동안 단 한 번도 수도를 옮기지 않았다. 하지만 고구려와 백제는 중간에 수도를 옮겼다. 이 두 나라의 천도에는 어떤 의미가 있을까?

아버지의 뜻을 이은 장수왕의 남하 정책

고구려는 광개토 대왕과 장수왕 시대에 전성기를 맞았다. 땅을 넓혔다는 뜻의 왕호를 가진 광개토 대왕은 고구려의 영토를 넓게 확장해 놓았지만 안타깝게도 서른아홉에 세상을 떠나고 그의 아들 장수왕이 왕위에 올랐다.

장수왕은 아버지의 뜻을 이어 고구려의 영토를 더욱 확장하고자 했는데, 이때 장수왕이 관심을 가진 지역은 한강 유역이다. 한반도의 중심이자 중국과의 해상 무역이 가능한 한강 유역을 차지한다면, 고구려가 이전보다 한층 발전할 수 있을 것이라고 판단한 것이다. 광개토 대왕이 주로 만주를 중심으로 북쪽으로 영토를 넓히려 했다면, 장수왕은 남쪽으로 확장하는 남하 정책을 펼쳤다.

남하 정책을 펴기에 앞서 장수왕이 가장 먼저 한 일은 수도 이전이다. 수도는 왕과 귀족이 머물며 한 나라의 모든 정책이 만들어지는 곳이다. 그래서 옛날에는 특별한 경우가 아니라면 대부분의 수도가 나라 한가운데 위치했다. 그래야 사방에서 밀려오는 적의 침략으로부터 왕을 지킬 수 있고 나라 구석구석까지 통치할 수 있기 때문이다. 이런 사실을 잘 알고 있던 장수왕은 수도를 평양성으로 옮겼다.

고구려가 처음 세워질 당시의 수도는 졸본성이다. 졸본성은 현재 중국 지린성(길림성)에 위치했던 것으로 추측되며, 주변이 산으로 둘러싸여 있어 다른 나라의 침략을 막아 내기에 유리했다. 고구려를 세운 주몽과 그를 따르는 무리는 부여에서 도망친 사람들이므로 부여의 침략에 대비한 수도가 필요했을 것으로 보인다.

고구려 제2대 왕 유리왕은 수도를 국내성으로 옮겼다. 국내성 또한 정확한 위치를 알 수 없지만, 현재 우리나라와 중국의 국경 지대였을 것으로 추측된다. 국내성은 평지에 위치해 있어서 다른 나라의 침략을 받을 가능성이 있는 반면 다른 지역으로 세력을 넓히기에 좋았다. 유리왕이 수도를 국내성으로 옮긴 것은 고구려의 힘이 이전보다 강해졌기에 방어보다는 공격을 할 수 있다는 자신감에서 행한 일이었을 것으로 생각할 수 있다.

국내성은 3~427년에 걸쳐 오랫동안 고구려의 수도였는데, 장수왕은 수도를 다시 평양성으로 옮겼다. 평양성은 국내성보다 훨씬 아래쪽에 있어 이전보다 백제와 가까웠다. 앞에서 언급했듯이 일반적으로 나라의 수도는 영토의 한가운데 위치하는 것이 가장 안정적이다. 그런 사실을 모를 리 없는 장수왕이 수도를 남쪽으로 옮긴 것은 고구려의 영토를 남쪽으로 확장하겠다는 의지를 보인 것이다.

평양성으로 수도를 옮긴 장수왕은 남쪽으로 세력을 확장하기 위해 백제와 전쟁을 벌였다. 이전 시기 고구려의 고국원왕은 백제의 근초고왕과의 전쟁에서 패하면서 한강 북부 지역을 백제에게 빼앗겼다. 하지만 장수왕은 백제와의 전쟁에서 승리하면서 이전에 빼앗겼던 한강 북부 지역뿐만 아니라 한강 남부 지역까지 차지하게 되었다.

백제는 장수왕과 고구려의 막강한 군대를 막아 낼 수 없었기에 맥없이 패했고, 고구려의 영토는 계속 넓어졌다. 장수왕 때 고구려 영토는 한강 이남을 넘어 지금의 충청도 지역까지 확대되는데, 이는 백제로서는 최대의 위기일 수밖에 없었다.

수도를 옮긴 위기의 백제

건국 당시 백제의 수도는 한강 유역에 있는 위례성이다. 위례성은 농사, 무역, 정치에 있어 최적의 조건을 지니고 있어 수도로 적합했다. 하지만 고구려 장수왕의 남하 정책에 밀려 한강 유역을 빼앗기자 백제는 더 이상 위례성을 수도로 삼을 수 없었다.

이런 위태로운 상황에서 어쩔 수 없이 수도를 옮기게 된 백제의 두 번째 수도는 웅진(지금의 충청남도 공주)이다. 웅진은 주변이 산으로 둘러싸인 작은 도시로 다른 나라의 공격을 방어하는 데 유리했다. 고구려의 침략에 시달리는 백제로서는 고구려의 공격을 막아 내기에 유리한 곳을 수도로 정할 수밖에 없었던 것이다.

웅진은 외적의 침략을 저지하기에는 좋지만 사방이 산으로 둘러싸여 있다 보니 다른 나라와 교류하고 세력을 확장하는 데에는 불리했다. 이에 백제의 중흥을 노린 성왕은 백제의 수도를 다시 사비(지금의 충청남도 부여)로 옮기게 된다. 사비는 웅진보다 아래쪽에 있어 고구려의 침략에 대비할 수 있을 뿐만 아니라 평

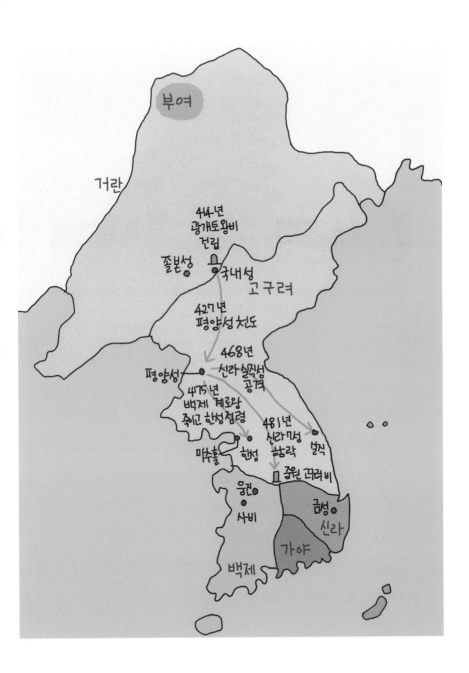

부여

거란

414년
광개토왕비
건립

졸본성　국내성

고구려

427년
평양성 천도

468년
평양성　신라 실직성
공격

475년
백제 개로왕
죽이고 한성점령

481년
신라 미성
미추홀　한성　함락　널직

중원 고구려비

웅진

사비

금성

신라

가야

백제

전라북도 익산의 미륵사지 석탑. 이 탑은 우리나라에 남아 있는 가장 오래되고 가장 큰 석탑으로 백제 무왕 때인 639년에 세워졌다. 화강암으로 만들어졌고 많은 부분이 훼손되어 있다(그림 15).

지에 위치하고 있어 주변 지역과의 교류에도 적합했다.

성왕이 수도를 사비로 옮긴 뒤 백제는 어느 정도 발전을 이루어 고구려에 맞설 준비를 할 수 있었다. 백제의 목표는 고구려로부터 한강 유역을 되찾아 오는 것이었다. 백제 성왕은 신라 진흥왕과 손잡고 고구려를 공격해 마침내 한강 유역을 빼앗는 데 성공했다. 그러나 진흥왕의 배신으로 한강 유역은 모두 신라의 차지가 되고 성왕은 전쟁 중에 전사하고 말았다. 백제는 더 이상 발전하지 못하고 다시 위기를 맞게 되었다.

이후 백제 무왕은 수도를 다시 익산으로 옮길 계획을 세웠다고 한다. 사비보다 남쪽인 익산이 정치적으로 한층 안정적이고 교류의 길목에 있어서 다른 나라와의 협력에 유리했기 때문이다. 익산에 큰 절을 짓고 지금까지 남아 있는 미륵사지 석탑을 세우며 새로운 수도로 삼으려 했지만 실행하지는 못했다.

중원 고구려비에 담긴 의미

한 나라의 수도 이전에는 특별한 의미가 있다. 예전에는 세력 확장을 위한 곳이나 전쟁에 유리한 곳을 수도로 정하다 보니 수도의 위치만 보아도 그 나라의 힘을 유추할 수가 있다. 가장 성공한 수도 이전은 장수왕의 평양성 천도다. 고구려는 평양성으로 수도를 옮기면서 한강 유역을 차지하며 전성기를 맞았다.

장수왕이 수도를 평양으로 옮긴 후 고구려는 남쪽으로의 영토 확장에 성공했는데 그 힘을 느낄 수 있는 유적이 중원 고구려비다. 중원 고구려비는 장수왕이 영토를 넓힌 것을 기념하여 세운 비석인데 현재 충청북도 충주에 남아 있다. 중원 고구려비에는 장수왕의 영토 확장 업적뿐만 아니라 고구려 군대가 신라에 주둔하며 영향력을 행사했다는 내용 또한 기록되어 있다. 즉 장수왕은 한강 남쪽으로 영토를 확장하며 백제의 땅뿐 아니라 신라 땅까지 점령한 것이다. 한반도 남부 지방인 충주까지 차지하며 비석을 세울 만큼 당시 고구려의 세력은 막강했다.

중원 고구려비(충주 고구려비). 고구려 영토의 경계를 표시하는 비로 국내에 유일하게 남아 있는 고구려 석비다. 고구려의 영토가 충주 지역까지 확장된 것을 말해 주며, 삼국의 관계를 밝혀 주는 역사적 가치를 지녔다(그림 16).

한강 유역 점령과 삼국의 전성기

삼국이 서로 경쟁하며 싸우던 시기 가운데 백제는 4세기 근초고왕 때, 고구려는 5세기 광개토 대왕과 장수왕 때, 신라는 6세기 진흥왕 때를 전성기로 본다. 사실 이 왕들 말고도 훌륭한 업적을 세운 많은 왕이 있다. 그런데도 이 왕들의 통치 시기를 전성기로 보는 이유는 영토를 넓혔고 그중에서도 한강 유역을 차지했다는 점 때문이다.

그만큼 한강 유역은 삼국 항쟁에 있어 핵심 지역이었다. 이런 사실을 잘 알고 있었기에 장수왕은 수도를 평양성으로 옮기면서까지 한강 유역 점령에 힘을 쏟았다. 정확한 정세 판단과 수도를 옮기는 결단력까지 지닌 장수왕은 역사에 길이 남을 훌륭한 왕임이 분명하다.

게르만족에 서로마 제국이 멸망하다

서구 역사에 가장 지대한 영향을 준 로마 제국은 기원전 753년 건국되었다가 1453년 망한 나라로 약 2,200여 년이나 유지되었다. 하지만 로마 제국 절반의 역사는 476년에 사라졌고, 남은 절반만이 이후 1천 년을 버텨 냈다. 어째서 그런 것일까?

포에니 전쟁 승리 후 유럽, 아시아, 아프리카 지역을 포함하는 대제국으로 성장한 로마 제국은 5현제라 불리는 현명한 황제 다섯 명이 등장하며 전성기를 맞았다. 그러나 3세기경부터 군인들이 무력으로 황제를 교체하는 등 정치 혼란이 이어지며 로마 제국은 허약해졌다. 이 같은 위기를 극복하고자 여러 왕이 다양한 조치를 취했지만 로마 제국은 잃어버린 힘을 쉽게 되찾지 못했다. 급기야 395년 테오도시우스 황제가 죽은 후 로마 제국은 두 아들에 의해 분열되었고 이때부터 서쪽에 있는 로마 제국을 서로마 제국, 동쪽에 있는 로마 제국을 동로마 제국으로 불리게 되었다. 그리고 두 로마 제국은 이름만이 아니라 역사, 문화, 정치 등 모든 면에서 다른 길을 걸어간다.

두 로마 제국 중 먼저 위기를 맞은 쪽은 서로마 제국이다. 게르만족은 4세기경부터 서로마 제국 지역으로 들어와 생활하는 경우가 많았다. 게르만족이란 로마 제국 북쪽, 곧 지금의 북유럽 쪽에 살던 민족 중 로마 부근까지 내려와 농사를 지으며 거주한 사람들을 일컫는 말이다. 게르만족은 로마인에 비해 미개하고 여기저기 흩어져 있어 이름도 제각각이다. 프랑크족, 앵글로·색슨족, 반달족, 서고트족, 동고트족 등은 모두 게르만족의 분파다.

당시 게르만족 가운데 일부는 로마 제국의 군인이 되거나 로마 제국으로 들어와 농민으로 사는 등 로마 제국에 기생하며 생활했다. 5세기 들어 훈족이 등장하면서 사정은 달라졌다. 훈족은 중국 북쪽에 살던 흉노족의 후손으로, 진시황제를 비롯한 중국의 왕들과 전쟁을 벌이다 한 무제에 쫓겨 서쪽으로 이동하여 중앙아시아에 정착한 이들을 가리킨다.

5세기에 이르러 서쪽으로 이동한 훈족이 몰려오는 바람에 게르만족은 훈족을 피해 남쪽으로 이동했는데, 남쪽에는 서로마 제국이 자리 잡고 있었다. 결국 게르만족이 대거 서로마 제국 영역 안으로 들어오는 일이 벌어졌다. 이처럼 게르만족이 서로마 제국으로 밀려 내려온, 일명 '게르만족의 대이동'이 전개되자 서로마 제국은 게르만족을 몰아내려고 전쟁을 벌였다. 하지만 이미 국력이 약해진 서로마 제국은 게르만족과의 전쟁에 번번이

패했고, 급기야 서로마 제국 황제 로물루스 아우구스툴루스가 게르만족 용병 대장 오도아케르에 의해 쫓겨나는 일이 벌어지고 말았다. 이렇게 476년 서로마 제국은 멸망했다.

서로마 제국이 멸망하자 게르만족 분파들은 앞다투어 로마 제국의 땅으로 내려와 나라를 세웠다. 프랑크족은 지금의 프랑스와 독일 지역에 프랑크 왕국을, 앵글로·색슨족은 영국으로 가서 앵글로·색슨 7왕국을, 서고트족은 스페인 지역에 서고트 왕국을 세우는 등 서로마 제국 지역은 온통 게르만족 국가로 뒤덮였다. 그러나 미개한 원시 문화를 지닌 게르만족은 로마 문화에 흡수되거나 로마인화하면서 곧 망했다. 유일하게 프랑크족의 프랑크 왕국만이 멸망하지 않고 게르만족의 명맥을 유지했다.

비록 게르만족 국가 대부분은 멸망했지만 이후 서로마 제국 지역은 로마 제국의 특성에 게르만족의 전통이 융합되면서 동로마 제국 지역과는 다른 문화적 특성을 갖게 되었다. 첨탑을 높게 세운 교회 건축물은 게르만족 중 고트족이 건물을 짓던 방식인 첨탑이 크리스트교와 결합한 것이다. 그래서 이를 고딕 양식(고딕은 고트에서 따온 말이다)이라고 한다. 서유럽 국가의 민족 구성을 보면 동유럽과 달리 게르만족이 섞여 있는 경우가 많다. 독일과 오스트리아는 국민 대부분이 게르만 혈통이고, 영국과 프랑스도 상당수가 게르만 계통이다. 오늘날 서유럽에 속한 영국·프랑스·독일·이탈리아·스페인 등은 모두 게르만족이 서로마 제국을 멸망시킨 뒤 건국한 나라들로, 게르만족의 특성을 찾아볼 수 있다.

이처럼 서로마 제국은 게르만족에게 멸망하며 게르만족 문화의 영향을 받은 반면, 동로마 제국은 서로마 제국 이후에도 1천 년 가까이 지속되면서 자신의 문화적 특성을 발전시켰다. 이 때문에 서유럽과 동유럽은 오늘날 종교·정치·문화 면에서 상당한 차이를 보인다. 이런 차이는 게르만족의 대이동으로 시작되었으니 게르만족의 대이동은 유럽 역사를 바꾼 중대한 사건이라고 할 수 있다.

지증왕은 정말 그렇게 체구가 컸을까?

　신라는 삼국 중 가장 먼저 건국되었지만 발전 속도는 가장 더딘 나라였다. 한반도 오른쪽 구석에 위치하고 있다 보니 중국으로부터 직접 선진 문물을 수용하기도 어려웠을 뿐 아니라 한반도로 전파된 문명의 혜택 역시 가장 늦게 보았기 때문이다. 이런 신라가 6세기 들어 비약적인 발전을 이루었는데 그 출발점이 된 왕이 지증왕이다.

키 2미터의 지증왕과 지증왕 왕비
　지증왕에 관해서는 독특한 이야기가 전해진다. 지증왕의 체구가 유독 컸다는 것이다. 기록에 따르면 지증왕의 키는 2미터가 넘고 특히 성기의 길이가 무려 약 45센티미터였다고 한다.

이런 거대한 몸을 지니고 있으니 결혼 상대자를 구하기가 여간 힘든 일이 아니었다. 대를 이을 아이가 필요한데 부인이 없어 곤란한 지증왕은 전국에 관리를 보내 자신의 부인이 될 만한 여자가 있는지 알아보게 했다. 지방으로 파견된 관리들은 지증왕의 큰 체구를 감당할 수 있는 여자를 수소문하던 중 한 마을에서 거대한 똥을 발견했다. 수소문해 보니 그 똥은 마을에 살고 있는 한 처녀의 것이었는데 처녀의 키는 2미터가 넘었다. 관리들이 궁으로 데려온 그 처녀는 지증왕과 결혼하여 왕비가 되었다고 한다.

이 이야기는 과연 사실일까? 현실적으로는 허구일 가능성이 높다. 그렇지만 기록에는 수치까지 언급하며 지증왕의 체구가 크다는 것이 강조되어 있다. 왜 그럴까?

나라의 기틀을 잡은 지증왕

왕권이 강해졌다는 것은 왕을 중심으로 한 중앙 집권 통치가 가능해졌으며 나라가 이전보다 발전했다는 뜻이다. 그런데 신라는 고구려나 백제에 비해 왕의 힘이 약했다. 지증왕 이전까지 신라의 왕은 마립간으로 불렸고 그만큼 왕권은 두 나라에 비해 약했다.

이런 신라에서 왕이라는 칭호가 사용되면서 왕권이 강해진 시기가 바로 지증왕 때다. 또 지증왕은 나라 이름을 '신라'로 확정 지은 왕이기도 하다. 즉 지증왕에 이르러 신라라는 나라의 틀이 형성되면서 신라의 강한 면모가 드러난 것이다.

지증왕 이야기는 이 같은 신라의 모습을 보여 주려는 의도에서 만들어진 설화다. 결혼할 여자를 구하기조차 어려울 정도로 왕의 체구가 컸으니 일반 백성은 물론이거니와 관리나 귀족도 왕에게 대항하는 것은 상상조차 할 수 없는 일이었다는 것을 이야기를 통해 표현했다고 할 수 있다. 다시 말해 지증왕 시기에 막 강해진 왕권의 크기를 지증왕의 신체 크기에 빗대어 설명한 것이다.

우산국 정벌과 우경 실시

지증왕의 업적으로 가장 많이 알려진 것은 우산국 정벌이다. 우산국은 지금의 울릉도와 독도를 말하는데 이 두 곳이 우리나라 영토에 속하게 된 시기가 바로 지증왕 때다.

기록에 따르면 우산국은 울릉도와 독도 등 여러 섬으로 이루어진 나라였는데 우혜왕이 통치하고 있었다고 한다. 우혜왕이 사치와 향락에 빠져 나랏일을 돌보지 않아 우산국 백성들의 생활은 궁핍해져만 갔다. 심지어 사치를 위해 신라 지역을 침략하고 노략질도 서슴지 않았다. 이에 지증왕은 김이사부를 아슬라구(지금의 강원도 강릉)에 관리로 파견했고, 이사부는 신라 사람을 괴롭히는 우혜왕을 혼내 주고자 우산국 정벌에 나섰다.

이사부는 전쟁에 앞서 나무로 만든 사자를 배에 싣고 가서 "너희가 만일 항복하지 않으면 이 짐승을 풀어 놓겠다"라며 항복을 요구했다. 하지만 우혜왕은 이사부의 말을 듣기는커녕 신라의 사신을 죽이면서 두 나라의 전쟁이 시작되었다. 신라의 모든 배는 사자 머리 모양의 뱃머리에서 불을 뿜으며 공격했다. 그전까지 사자를 본 적이 없는 우산국의 군인들은 처음 본 동물의 입에서 불이 나오는 것에 놀라 우왕좌왕하다가 제대로 싸워 보지도 못한 채 패배하고 말았다.

이로써 우산국은 신라 영토가 되었고 이때부터 울릉도와 독도는 우리나라 땅이 되었다. 현재 울릉도에는 사자 바위와 투구 바위가 있다. 신라 군대가 울릉도에 도착한 후 배에 싣고 온 나무 사자가 변하여 사자 바위가 되었고, 우혜왕이 항복하면서 벗어 던진 투구가 변하여 투구 바위가 되었다고 한다.

지증왕의 또 다른 업적으로 우경을 들 수 있다. 우경이란 소를 이용해 농사를 짓는 것으로, 소에 쟁기를 다는 기술이 있어야 가능하기에 쉽게 할 수 있는 일은 아니었다. 그런데 소를 이용해 농사를 지으면 사람보다 힘이 센 소가 밭 가는 일을 대신해 주기에 생산량을 늘릴 수 있다. 이러한 우경이 지증왕 때 처음 시작되면서 이전보다 수확량이 많아져 백성들의 생활은 점차 안정되었다

신라는 삼국 중 가장 발전이 늦었지만 6세기에 전성기를 맞이하며 삼국 간 교류를 주도하고 백제와 고구려를 압도하는 국가로 성장했다. 이러한 신라 성장의 초석을 다진 왕이 다름 아닌 지증왕이다. 지증왕에 이어 신라의 왕이 된 법흥왕과 진흥왕은 제도를 정비하고 영토를 확장하며 신라의 발전을 이끌었고 이때 신라는 전성기를 누렸다. 이러한 신라의 발전은 지증왕의 노력이 있었기에 가능했다.

《세종실록지리지》의 독도 기록

조선 시대 세종 대왕의 명령으로 만들어진《세종실록지리지》에는 조선 시대의 지리적 상황이 기록되어 있는데, 그중에는 독도에 대한 내용도 있다.

우산(울릉도)과 무릉(독도) 두 개의 섬이 있는데 현을 두고 다스리게 했다. 이 두 섬의 거리는 멀지 않아 맑은 날이면 눈으로도 보인다.

이상의 기록을 통해 신라 시대에 우리나라의 땅이 된 울릉도와 독도를 조선 시대에는 관리까지 파견해 통치했음을 알 수 있다. 이런 역사적 사실에도 불구하여 일본은 독도를 자기 땅이라고 우기고 있으니 어이없는 일이 아닐 수 없다.

이차돈은 정말
하얀 피를 흘리며
죽었을까?

"뭐라 해도 제 목숨만큼 버리기 어려운 것은 없을 것입니다. 그러나 제가 저녁에 죽어 커다란 가르침이 아침에 행해지면 부처님의 날이 다시 설 것이요, 임금께서 길이 평안하시리이다."

《삼국유사》에 실린 이차돈이 죽으면서 했다는 말이다. 신라에서 불교가 공식으로 인정된 것은 이차돈의 순교 때문이라는데 과연 무슨 일이 있었을까?

삼국의 불교 수용

불교는 기원전 500년경 인도의 석가모니가 창시한 종교로 우리나라에는 중국을 통해 전래되었다. 기록에 따르면 고구려는 소수림왕 2년(372년)에 순도가, 백제는 침류왕 즉위년(384년)에 마라난타가, 신라는 눌지왕(재위 417~458년) 때 묵호자가 각각 처음으로 불교를 소개했다. 그런데 고구려와 백제가 왕실 차원에서 불교를 장려하여 절을 짓고 승려를 배출한 반면, 신라는 불교를 금기시했다. 묵호자는 믿고 따르는 신도의 집에서 굴을 파고 숨어 지내다 세상을 떠났고, 소지왕(479~500년) 때 고구려의 아도화상이 불교를 다시 전했으나 신도 몇몇이 생겨났을 뿐 제대로 된 선교 활동도 못 한 채 죽고 말았다.

신라에서 불교를 인정한 것은 법흥왕 14년(527년)에 불교가 국교로 공인되면서부터인데, 그 계기가 된 사건이 이차돈의 순교다. 다른 나라에서는 쉽게 이루어진 불교 수용이 신라에서는 그토록 오래 걸린 이유가 무엇일까?

왕의 힘과 불교 수용의 관계

신라는 삼국 중에서도 유독 씨족 사회의 전통이 강한 나라였다. 씨족 사회란 같은 성씨를 가진 사람들이 모여 만든 공동체로, 시간이 지남에 따라 점차 세력 범위가 넓어져 마을이나 지역 공동체로 운영되었다. 이런 씨족 사회는 함께 제사를 지내거나 토착 신앙을 숭배하는 행사를 치르는 과정에서 대표자를 뽑았다. 이러한 씨족 사회의 대표 인물들이 정치에 큰 영향력을 휘둘렀으며, 그들이 바로 귀족이다.

귀족은 본디 씨족 사회의 부족장에 해당하는 높은 지위의 사람들이었고, 정치 체제가 갖추어져 가는 과정에서 귀족이라는 명칭을 얻게 되었으므로 특권을 계속 유지하고 싶어 했다. 반면 왕의 입장에서는 귀족의 힘이 세면 셀수록 자신의 영향력이 약해질 가능성이 높기에 귀족을 견제할 새로운 세력을 찾으려고 했다. 마침 그때 불교가 우리나라에 소개되었고 왕은 불교를 믿는 새로운 세력을 이용해 귀족에게 대항함으로써 왕권을 강화하고자 한 것이다.

삼국의 왕은 이런 의도에서 불교 수용에 적극적으로 나섰으며, 고구려와 백제에서는 왕실이 앞장서서 권장하여 불교가 쉽게 정착할 수 있었다. 문제는 신라였다. 불교가 신라에 소개될 당시 신라 왕의 힘은 그다지 세지 못했다. 당시 신라에서는 왕 칭호 대신 마립간 칭호를 사용할 만큼 고구려나 백제에 비해 왕권이 약하고 그와 반대로 귀족들의 힘은 막강했다. 토착 신앙을 믿으며 힘을 키워 온 신라 귀족들은 불교 수용에 부정적이었고, 상대적으로 힘이 약한 왕은 귀족을 누를 수 없었기에 신라의 불교 수용은 늦어질 수밖에 없었다.

불교를 금기시했던 신라

신라에서 불교가 정식으로 인정된 것은 법흥왕 때지만 그전에 불교를 믿는 사람이 없었던 것은 아니다. 특히 왕실에서도 불교를 믿는 분위기가 형성되었던 것으로 보이는데 이를 뒷받침하는 이야기가 전해진다.

소지왕이 어느 날 정자에 앉아 쉬고 있는데 까마귀와 쥐가 와서 울어 대더니 갑자기 쥐가 사람의 말로 까마귀를 따라가라고 했다. 소지왕은 까마귀가 이끄는 대로 경주 남산 기슭에 다다랐는데 그곳에서는 돼지 두 마리가 싸우고 있었다. 돼지 싸움을 보느라 까마귀를 놓친 소지왕이 안절부절못하고 있을 때 연못에서 한 노인이 나타나 편지 한 통을 주었다. 편지 겉봉에는 "이 편지를 뜯어보면 두 사람이 죽고 뜯어보지 않으면 한 사람이 죽는다"라고 적혀 있었다. 소지왕은 고민 끝에 편지를 뜯어보았다. 편지에는 "거문고를 넣어 둔 거문고집을 쏘아라"라고 쓰여 있었다. 대궐로 돌아온 소지왕은 거문고집을 화살로 쏘았다. 그 안에는 왕을 죽이려는 왕비와 승려가 숨어 있었고 소지왕은 이들은 붙잡아 처형했다.

왕비가 승려와 짜고 왕을 죽이려 했다는 것은 당시 왕실에서도 불교를 믿는 사람들이 있었음을 보여 주는 대목이며, 승려가 발각되어 처형당했다는 것은 신라에서 불교가 탄압받고 있었음을 말해 주는 대목이다. 소지왕이 정말로 이렇게 신기한 일을 경험했는지는 알 수 없지만, 불교를 믿은 왕비와 승려가 처형을 당한 것은 사실이고 이는 불교를 금기시하는 신라 사회 모습을 보여 주는 것이라고 할 수 있다.

신라 불교 공인의 일등 공신 이차돈의 순교

신라에서 불교가 공인되지는 않았지만 몰래 믿는 사람은 점차 늘어 갔다. 그리고 왕의 입장에서 불교 공인은 왕권 강화에 기여하는 바가 크므로 막을 이유 또한 없었다. 문제는 귀족이었다. 불교를 인정하고 자신들의 힘이 약해지는 것을 그대로 두고 볼 사람들이 아니었기에 불교 공인에 대한 반대 입장은 확고했다. 불교를 거부하는 귀족과 인정하려는 왕이 정면으로 충돌한 것이 법흥왕 때였고, 그 과정에서 이차돈의 희생으로 왕이 승리하면서 신라의 불교 공인이 이루어졌다.

이차돈은 법흥왕 때 하급 관료로서 성은 박이며 이름은 염촉이었다고 한다. 이름 염촉에서 '염'은 신라 말로 이차라 하고 '촉'은 돈이라 하여 이차돈이 되었다. 기록에 따르면 이차돈의 할아버지는 신라 17관직 중 4관등까지 올라갔다고 하니 이차돈 집안은 진골 귀족이었다. 즉 불교를 믿은 이차돈은 신분상으로는 불교를 반대하는 귀족이었던 것이다.

이차돈이 왜 죽게 되었는지는 기록마다 조금씩 다르게 쓰여 있다. 《삼국사기》에서는 불교를 받아들이자고 주장하는 이차돈과 그에 반대하는 신하들 사이에 언쟁이 벌어졌고, 법흥왕이 할 수 없이 이차돈에게 형벌을 주는 쪽으로 결론을 내렸다고 한다. 그때 이차돈의 나이는 스물여섯이었다.

"뭐라 해도 제 목숨만큼 버리기 어려운 것은 없을 것입니다. 그러나 제가 저녁에 죽어 커다란 가르침이 아침에 행해지면, 부처님의 날이 다시 설 것이요, 임금께서 길이 평안하시리이다."

이차돈은 이 말을 남기고 처형당했는데 이차돈이 죽을 때 신기한 일이 벌어졌다. 이차돈의 목이 베인 자리에서 붉은 피가 아닌 어마어마한 양의 하얀 젖이 솟구쳤다. 이차돈의 잘린 머리는 날아가 경주 북쪽 산에 떨어졌는데, 사람들은 그곳을 신성하게 여겨 이차돈의 무덤을 만들고 부처님의 뜻을 위해 희생한 그의 넋을 기렸다고 한다.

이차돈이 죽을 때에 일어난 기이한 일 때문에 사람들은 부처님이 진짜 계신다고 믿게 되었고, 신라의 귀족들은 그 분위기를 누를 수 없었기에 법흥왕의 불교 공인이 가능해졌다.

법흥왕, 강력한 왕권을 누리다

법흥왕은 신라가 삼국 간 항쟁에서 주도권을 잡아 나가는 데 있어 결정적 기여를 한 왕이다. 법흥왕 바로 전 왕은 지증왕으로 그때 신라의 왕권은 이전보다 강해졌다. 그리고 법흥왕에 이르러 왕권이 더욱 강력해지면서 신라 정치의 큰 틀이 마련되었다.

법흥왕은 율령을 반포하고 관리들이 입는 공복을 제정하여 왕을 중심으로 한 통치 질서를 확립했다. 골품 제도를 정비하여 신라 지배층의 서열을 확실하게 정했으며, 금관가야를 공격하여 멸망시키고 그 땅을 편입함으로써 신라 영토를 확장했다.

이러한 업적은 모두 왕권이 강해지면서 가능해진 일로 왕권 강화에 가장 크게 공헌한 것이 바로 불교 공인이다. 왕권이 강해진 법흥왕은 중국의 황제만 정할 수 있다는 연호를 제정하여 국가의 위상을 높였다. '법흥'이라는 명칭은 불교식 용어로 불교를 공인한 왕의 업적을 기리기 위한 호칭이다. 법흥왕이 남긴 많은 업적 가운데 불교 공인이야말로 가장 큰 업적이라고 할 수 있다.

신라에서 불교 공인이 갖는 의미

신라는 다른 나라에 비해 귀족의 힘이 막강했다. 이러한 귀족 세력을 누르고 보다 큰 힘을 행사하고자 한 신라 왕실에게는 강력한 통치 체제와 이를 뒷받침할 신념이 필요했다. 왕실의 이 같은 의도와 맞아떨어지는 것이 새로운 이념을 제공하고 새로운 세력을 형성해 줄 수 있는 불교였다. 특히 불교를 믿는 사람들은 왕이 현실 세계에는 없는 부처님을 대신할 것이라는 신념을 지니고 있었기에 왕권 강화에 도움이 되었다.

사실 법흥왕 이전에도 불교를 믿는 사람들이 있었고 앞선 왕들도 불교 공인을 위해 애써 왔다. 신라에서 불교 때문에 순교한 사람이 이차돈만은 아닐 것이라는 일반적인 견해가 말해 주듯이 귀족들의 탄압을 받으면서도 불교를 공인받고자 한 신자와 신라 왕 들의 노력은 계속되었다. 그리고 드디어 법흥왕 때 불교 공인이 이루어진 것이다. 현실적으로 이차돈이 순교하는 순간 일어난 신기한 일이 모두 사실일 수는 없지만, 이차돈의 순교로 인해 신라 사람들의 마음속에 불교에 대한 신념이 생겨났고 그 때문에 귀족들도 더 이상 불교 공인을 반대하지 못하게 된 것은 사실이라고 할 수 있다.

불교가 공인되자 신라 왕실의 힘은 막강해진 반면 귀족들의 힘이 약해지면서 왕을 중심으로 한 중앙 집권적 통치 제제가 안정적으로 자리 잡았다. 중앙 집권 통치가 이루어지니 국력이 강해져 신라는 법흥왕과 그 뒤를 이은 진흥왕 시기에 영토를 넓히며 전성기를 맞았다. 또한 신라의 불교문화 발달로 우리나라를 대표하는 수많은 불교 유물과 유적이 제작될 수 있었다. 그리고 신라는 발전을 거듭하며 한반도의 새로운 강자로 한 단계 도약하게 되었다.

인도인의 종교 힌두교의 성립

전 세계 수많은 종교 중 가장 신도가 많은 종교는 크리스트교, 이슬람교, 불교, 힌두교다. 이 중 힌두교는 인도인들만 믿는 종교인데, 인도 인구가 워낙 많다 보니 세계에서 네 번째로 신도가 많은 종교가 되었다. 인도를 대표하는 종교 힌두교는 어떻게 탄생한 것일까?

인도에서는 힌두교에 앞서 불교가 발달했다. 고타마 싯다르타에 의해 발생한 불교는 왕실의 보호를 받으며 아시아를 대표하는 종교로 성장했다. 마우리아 왕조 아소카 왕의 포교 활동으로 미얀마와 태국 등 동남아시아에 전해졌고, 쿠샨 왕조 카니슈카 왕의 노력으로 한·중·일 등 동북아시아 지역에 전파되었다.

이렇듯 불교는 아시아 전역으로 전파되면서 세계적 종교로 성장했지만 정작 인도에서는 불교를 믿는 사람이 그리 많지 않았다. 당시 불교는 인도에서 왕실과 상인들의 지지를 받으며 성장했다. 그러나 농업에 종사하는 인도인 대다수에게 불교 교리는 어렵고 낯설게 느껴졌다. 오히려 인도의 농민들은 모든 물건과 장소에 신이 깃들어 있다는, 쉽고 친근한 전통 신앙을 믿었다. 특히 의식과 행사를 중시하여 출생, 결혼, 장례, 제사 등을 모두 종교 의식으로 진행했다. 한편 불교는 이런 종교 의식을 인정하지 않았다. 종교 의식을 내세워 성직자들이 금품을 받는 것을 엄격하게 금지하기 때문이다. 의미는 좋지만 이러한 불교의 모습이 의무를 다하지 않는 것처럼 여겨져 불교는 인도 농민 사이에서 인기가 없었다.

사정이 이렇다 보니 다른 나라들이 원시 종교에서 벗어나 선진 종교를 받아들이는 동안 정작 불교 발상국 인도는 여전히 미신 같은 원시 종교에 의지하는 국가로 남아 있었다. 이에 전통 신앙을 살리면서도 선진적인 의식을 행하는 종교가 만들어졌는데 그 것이 힌두교다.

힌두교가 싹튼 시기는 정확하게 알 수 없지만 500년 전후인 것으로 추정된다. 힌두는 '인도'라는 뜻이므로 힌두교란 말 그대로 '인도의 종교'라는 의미다. 힌두교는 인도 사람들이 믿는 모든 신을 종합한 종교이기에 수많은 신이 존재하는데, 모두 인도인에게 친숙한 신들이다. 반면 다른 나라 사람에게 이 모든 신은 생소한 존재이기에 믿기가 어렵다. 이런 까닭에 힌두교는 인도 사람만이 믿는 종교가 되었다.

힌두교는 온갖 전통 신앙의 결합체여서 특별한 교리가 없다. 인도인들이 행해 온 모든 의식이 인정되고 모든 종교 내용이 포합되어 있어 일정한 형식과 틀이 없다. 또한 크리스트교의 《성경》, 불교의 《불경》, 이슬람교의 《쿠란》과 같은 경전이 없다. 대신 여러 생활 모습과 종교적 내용이 담긴 《리그베다》, 《우파니샤드》, 《라마야나》, 《마하바라타》, 《바가바드기타》 등 수십 권의 책이 경전 역할을 한다.

다신교라는 특징 역시 다른 종교와 구별된다. 세계의 주요 종교는 모두 유일신을 믿는다. 그러나 힌두교는 인도의 여러 전통 신앙이 합쳐진 것이어서 다신교일 수밖에 없다. 인도인이 믿는 모든 신이 전부 힌두교 안에 포함되어 있다. 물론 그 가운데에도 주요 신은 있는데 창조의 신 브라흐마, 이를 유지하는 보호의 신 비슈누, 파괴와 재창조의 신 시바다.

이처럼 모든 종교를 섞어 마구잡이로 만들어진 종교 같지만 인도에서 힌두교가 갖는 의미는 대단하다. 인도는 320년경 쿠샨 왕조가 무너진 뒤 지속적으로 외적의 침입을 받았다. 이런 위기 상황에서 인도인을 하나로 뭉치게 하고 전통을 지켜 준 것이 바로 힌두교다. 종교로서 특별한 형태는 없지만 인도인의 생활을 그대로 담고 있는 힌두교를 믿고 있는 것만으로도, 인도 사람들은 자신들의 전통을 지키고 민족성을 유지할 수 있었다. 이런 이유로 힌두교는 지금도 인도인을 가장 인도인답게 만들어 주는 종교로 인정되고 있다.

화랑이 원래는 여자였다고?

신라를 상징하는 여러 제도 가운데 가장 널리 알려진 것은 단연 화랑도다. 화랑도는 청소년들이 모여 수련하는 모임이었는데 훗날 신라 삼국 통일의 기반이 되면서 유명해졌다. 화랑도라는 것은 화랑을 따르는 무리(도)라는 뜻이다. 여기에서 화랑은 '꽃처럼 아름다운 청년' 즉 성품, 외모, 무예 등이 뛰어난 청소년을 가리킨다. 그런데 화랑이 원래는 여자였다고 한다. 어떻게 된 일일까?

화랑도의 기원이 된 원화 제도

신라에는 마을 공동체를 중심으로 청소년을 교육하는 단체가 있었다. 나라가 발전하고 인재가 필요해짐에 따라 이 단체는 국가가 운영하는 청소년 조직으로 발전했다. 이를 '원화 제도'라고 하는데 성품, 외모 등이 뛰어난 원화 아래에 무리를 두고 관리하도록 했다.

처음 원화로 뽑힌 것은 남모와 준정이라는 여자였다. 둘은 외모가 뛰어난 데다 행실과 예의가 발라 모든 면에서 청소년들의 모범이 되었기에 따르는 무리가 300여 명이나 될 정도로 인기가 많았다. 그런데 남모와 준정 사이의 신경전은 날이 갈수록 심해졌다. 자신을 따르는 무리가 다른 사람의 무리보다 한 명이라도 적을까 봐 노심초사하며 서로를 견제한 것이다. 특히 준정은 자신이 남모보다 인기가 없는 것 같다고 느끼며 남모를 질투하기 시작했다.

그러던 어느 날 준정은 남모를 자신의 집으로 초대하여 억지로 술을 마시게 한 후 강물에 던져 죽여 버렸고 이 사실이 밝혀져 준정 역시 죽임을 당했다. 이 사건을 계기로 원화를 따르던 무리는 뿔뿔이 흩어지고 원화 제도마저 없어졌다. 청소년 공동체를 만들어 서로 가르치며 배우고 본받으면서 국가를 위한 인재를 양성하고자 한 좋은 취지와는 달리 두 원화의 시기와 질투로 원화 제도 자체가 무너져 버린 것이다.

이에 진흥왕은 원화 제도의 취지는 살리되 부작용은 없앨 수 있는 새로운 제도를 구상했다. 그것이 화랑도다. 진흥왕은 원화 제도를 개편하여 화랑도를 만들어 새로운 청소년 공동체를 형성했다. 그리고 이는 큰 성과를 거두어 여러 인재가 화랑도를 통해 배출되었다.

화랑도는 어떤 제도인가

화랑도는 원화 제도와 마찬가지로 인재를 양성하기 위한 청소년 공동체지만 두 가지 면에서 차이가 있다. 첫째, 여자는 화랑도에 들어갈 수 없었다. 여자였던 남모와 준정이 서로를 시샘한 나머지 원화 제도가 없어졌기 때문에 처음부터 여자는 무리에 들어올 수 없도록 규정을 둔 것이다. 둘째, 화랑도에서는 원화 제도에 없던 군사 훈련을 중시했다. 화랑도는 인재 선발만이 아닌 군대 역할을 할 수 있는 청소년을 뽑기 위한 목적도 있었다고 볼 수 있다.

화랑도는 화랑 한 명과 승려 몇 명 그리고 화랑을 따르는 다수의 낭도로 구성된다. 화랑은 화랑도의 중심인물로, 용모가 단정하고 책임감이 강하며 사교적인 귀족 가운데 낭도들이 선출하여 선발했다. 각 화랑을 따르는 낭도의 수는 일정하지 않았는데 많을 때는 1천 명에 이르기도 했다고 한다. 또한 낭도들에 의해 선출되는 화랑은 그 수가 정해져 있지 않아 한 명일 때도 여러 명일 때도 있었으며, 가장 많을 때는 일곱 명이었다고 한다. 화랑은 신라 전 시대를 통틀어 200여 명 정도였다.

화랑도에는 화랑들이 반드시 지켜야 할 세속오계라는 원칙이 있었다. 세속오계는 원광 법사가 알려 준 다섯 가지 실천 원칙을 이르는데, 첫째 충성심으로 왕을 섬겨야 한다(사군이충), 둘째 효로써 부모님을 모셔야 한다(사친이효), 셋째 믿음으로 친구를 사귀어야 한다(교우이신), 넷째 전쟁에서는 물러서지 않아야 한다(임전무퇴), 다섯째 살생은 가려서 해야 한다(살생유택)는 내용이다. 주로 15~18세 청소년들이 3년 동안 화랑도에 속해 군사 훈련을 받고 세속오계를 지키며 교육을 받았다.

신라를 지킨 최고의 화랑들

신라 시대를 통틀어 가장 많이 알려진 화랑은 김유신, 원술, 관창이다.

김유신은 신라를 대표하는 장군으로 신라의 삼국 통일 과정에서 큰 공을 세운 사람 중 한 명이다. 김유신은 장군이 되기 전 3년간 화랑으로 지내며 낭도들을 이끌다 전쟁에 나가 승승장구하며 최고 장군 자리에 올라갔다.

원술은 김유신의 아들이다. 화랑 시절 원술은 당나라와 신라의 전투에 참여했으며, 이 전투는 신라에 매우 중요한 전투였다. 당

김유신 집터의 우물 재매정. 김유신은 선덕 여왕 13년(644년)에 백제의 일곱 성을 공격하여 승리하고 돌아왔으나 백제가 침공한다는 소식을 듣고 곧바로 싸움에 나아가 승리했다. 그러나 집에 당도하기도 전에 또다시 싸움에 나가며 자신의 집 앞을 지나게 되자, 집의 물을 떠 오라고 하여 그 물을 마시고는 "우리 집 물맛은 그대로구나" 하고는 길을 떠났다고 한다(그림 17).

시 신라는 백제와 고구려를 차례로 멸망시키며 삼국 통일을 눈앞에 두고 있었는데, 동맹국 당나라가 신라를 배신하고 신라의 영토를 빼앗으려 했기 때문이다. 신라의 영토를 지키기 위해 당나라를 물리쳐야 하는 중대한 상황에서 원술은 아버지 김유신의 명예와 화랑의 이름을 걸고 참전했지만, 그 전투에서 원술의 군대는 대패하고 말았다. 전쟁에 패했을 때 화랑들은 세속오계 중하나인 전쟁에서 물러서지 않는다는 임전무퇴 원칙에 따라 스스로 자결하는 경우가 많았다.

원술 역시 전쟁에 패한 후 목숨을 끊으려 했는데, 그때 원술을 보좌하는 담릉이 원술을 말렸다. 담릉은 "죽는 것이 어려운 일이 아니라 죽을 경우를 택하는 것이 어려운 법입니다. 죽어서 이루어지는 게 없다면 살아서 앞으로 해야 할 일을 계획해야 합니다"라며 자결을 말렸다. 결국 원술은 다음 전쟁에서의 승리를 기약하며 자결하지 않고 신라로 돌아왔다. 원술의 소식을 들은 아버지 김유신은 전쟁에 패한 화랑이 살아 돌아온다는 것은 나라와 가문의 수치라며 원술을 죽이려 했다. 신라 왕 문무왕이 만류한 덕분에 원술은 목숨을 건졌지만 김유신은 원술의 얼굴을 마주하지 않았다.

원술에게 다시 한번 명예를 회복할 기회가 찾아왔다. 8년에 걸친 신라와 당의 전쟁을 마무리하는 매소성 전투에 참여하게 된 것이다. 이 전투에서 원술은 큰 공을 세우면서 신라를 승리로 이끌었고 매소성 전투에 패한 당나라는 신라에서 완전히 물러났다. 이렇게 큰 공을 세웠지만 아버지 김유신은 죽을 때까지 아들 원술을 만나지 않았다. 원술은 아버지가 돌아가신 후 어머니를 찾아갔으나 어머니 또한 만나 주지 않았다. 그 뒤 원술은 어떤 관직에도 오르지 않고 평생 숨어 지냈다.

또 한 명의 유명한 화랑으로 관창이 있다. 관창은 김유신을 보좌한 김품일 장군의 아들로 열다섯 살 어린 나이로 전투에 참여했다. 관창이 참여한 전투는 신라와 백제의 마지막 총력전으로 펼쳐진 황산벌 전투였는데, 이 전투에서 이기면 신라는 백제를 점령할 수 있었다. 반면 백제 입장에서는 이 전투에서 진다면 바로 나라가 망할 수도 있기에 절대 양보할 수 없는 치열한 전투였다.

군사력 면에서 크게 앞서는 신라는 쉽게 승리할 것이라고 예상했지만, 계백 장군이 이끄는 백제군의 승리에 대한 열망과 사기에 밀려 전쟁 초반 모두 패하고 말았다. 쉽게 이길 것으로 예상한 전투에서 계속 패배하자 신라군은 초조해졌고 사기는 땅에 떨어졌다.

이에 관창은 자신의 힘으로 백제군을 물리치겠다며 자신이 이끄는 무리를 데리고 백제 진영으로 돌진했다. 그러나 의욕과 패기만 앞선 관창 부대는 노련한 계백 장군에게 붙잡히고 말았다. 사로잡은 신라 병사를 죽이려던 계백은 관창이 열다섯 살밖에 되지 않는 어린 소년이라는 사실에 깜짝 놀라 관창을 죽이지 않고 신라로 돌려보냈다. 그러나 관창의 아버지 김품일은 화랑이 전쟁에 패하고도 살아 돌아왔다며 아들을 부끄럽게 여겼고, 관창 역시 이 사실을 창피하게 생각했다.

관창은 또다시 백제 진영으로 쳐들어가지만 이번에도 계백에게 붙잡히고 만다. 계백은 관창의 용기를 인정하지만 죽일 수밖에 없었고, 결국 죽은 관창의 목을 말에 매달아 신라로 돌려보냈다. 이 모습을 보고 어린 관창의 용기에 자극받은 신라 군대는 전투 의지를 불태웠고 이후 전투에서 승리하며 백제를 물리쳤다.

진흥왕, 신라의 전성기를 주도하다

신라는 진흥왕 시대에 전성기를 누렸다. 진흥왕이 신라의 전성기를 이끌 수 있던 가장 큰 원동력은 영토 확장이다. 대가야를 정복해 가야 연맹을 완전히 멸망시키며 가야 땅 전체를 차지하고 고구려와의 전투에서 승리하며 북쪽으로도 영토를 확장했다. 또한 한반도의 중심이자 중국과의 직접 교류가 가능한 한강 유역을 차지하며 발전에 가속도를 냈다.

진흥왕이 이처럼 영토를 확장할 수 있던 것은 신라 군대의 막강한 힘 덕분인데 그 바탕에는 화랑도가 있다. 마을 단위의 청소년 공동체를 국가적 조직으로 개편함으로써 신라는 젊은 인재들을 안정적으로 양성할 수 있었고, 그에 힘입어 신라의 군사력은 강력해졌다. 화랑도는 신라의 유명한 장군들을 배출했을 뿐만 아니라 훗날 신라의 삼국 통일 과정에서 큰 역할을 하며 신라인에게 자긍심을 심어 주었다. 이 화랑도의 출발이 진흥왕 때 이루어진 것이다

진흥왕은 왜 '배신의 아이콘'이 되었을까?

신라의 전성기를 이끈 진흥왕의 가장 큰 업적은 영토 확장이다. 진흥왕 집권기 신라는 북부 지방과 한강 유역, 남부의 가야 땅 전체를 차지했고 이렇게 넓어진 영토를 배경으로 발전할 수 있었다. 특히 진흥왕이 한반도에서 가장 중요한 지역인 한강 유역을 차지한 것은 의미 있는 사건이었는데, 이 일은 진흥왕 혼자 해낸 게 아니다. 진흥왕은 어떻게 한강 유역을 차지할 수 있었을까?

진흥왕과 성왕의 연합

삼국이 건국될 당시 한강 유역은 백제의 땅이었다. 백제는 한강 유역에 있는 위례성을 수도로 삼아 한강을 중심으로 나라를 발전시켰고, 그 덕분에 고구려나 신라보다 먼저 전성기를 맞이하며 앞서 나갈 수 있었다. 하지만 5세기에 고구려 장수왕과의 전쟁에서 패하면서 한강 유역은 고구려 땅이 되었다.

백제는 고구려의 지배하로 들어간 한강 유역 땅을 되찾고 싶었으나, 문제는 힘이었다. 고구려의 군사력에 맞서 이길 자신이 없는 백제로서는 섣불리 고구려와 전쟁을 벌일 수 없었다. 그러나 고구려와의 전쟁에서 승리하지 않고는 한강 유역을 되찾을 수 없는 일이었다. 이토록 고구려의 힘이 강력하다 보니 백제는 신라와 친해질 수밖에 없었다. 신라 입장에서도 백제와 가까이 지내야 고구려의 침략을 받을 위험이 적어지기 때문에 백제와 신라는 삼국 중 가장 힘이 센 고구려에 맞서 연합했다.

신라와 힘을 합쳐서라도 한강 유역을 되찾고 싶은 백제에게 이윽고 기회가 찾아왔다. 장수왕 사후 손자 문자왕 때까지는 국력이 막강하던 고구려가 지배층의 내분과 왕권의 약화로 혼란에 빠져들고 만 것이다. 반면 백제는 성왕이 수도를 사비로 옮기고 발전을 꾀하면서 이전보다 안정된 정치와 강한 군사력을 갖춘 나라로 성장했다. 게다가 신라는 법흥왕에 이어 진흥왕이 집권하면서 발전을 거듭하고 있어 신라와 백제의 연합은 막강해졌다.

이 기회를 잡고 백제 성왕과 신라 진흥왕의 연합군은 고구려를 공격했다. 삼국 중 가장 힘이 센 고구려지만 정치가 불안한 가운데 신라와 백제 연합군에 맞서 싸우기는 쉽지 않았다. 또한 이즈음 고구려는 북방 유목 민족과의 잦은 충돌에 시달리고 있어 신라, 백제 연합군과의 싸움에 전력을 다할 수 없었다. 결국 고구려는 한강 유역을 신라와 백제에 빼앗기고 말았다.

동맹국에서 원수로, 백제와 신라

목표를 이룬 신라와 백제는 처음 연합할 때의 약속에 따라 한강 유역의 땅을 나누었다. 한강 상류 지역은 신라 땅이, 하류 지역은 백제 땅이 된 것이다. 진흥왕은 여기에 만족하지 않았다. 한반도 오른쪽에 치우친 신라가 중국과 직접 교류를 통해 발전하려면 한강 하류 지역을 반드시 차지해야만 했다.

이에 진흥왕은 새로운 계획을 세웠다. 고구려와의 전쟁에서 승리한 지 2년 후 신라는 김유신의 할아버지인 김무력에게 백제를 기습 공격하도록 해 마침내 한강 하류 지역까지 차지했다. 이로써 신라와 백제의 연합은 무너지고 신라는 한강 유역 전체를 차지하는 데 성공했다.

그대로 당하고만 있을 백제가 아니었다. 백제는 태자 여창을 총사령관으로 삼아 관산성을 공격했다. 이 관산성 전투는 삼국 시대의 여러 전투 가운데 가장 치열한 전투로 기록되고 있다. 특히 일본과 가야의 군대가 백제를 돕기 위해 참여하는 등 여러 국가가 뛰어들어 국제전 성격까지 띠었다. 백제는 이 전투에서 관산성을 함락하며 신라에 복수할 기회를 잡았다. 그러나 기쁨도 잠시, 승리 소식에 태자 여창을 격려하기 위해 길을 떠난 성왕이 신라의 군대에 붙잡혀 죽었고, 이 소식을 듣고 반격한 백제 군대가 신라에 대패하면서 신라는 관산성을 되찾았다.

한강 유역을 독차지하고자 한 진흥왕의 소원이 이루어진 것이다. 이 모든 일은 진흥왕의 배신이 낳은 결과로 신라는 한강 유역 전체를 차지하며 나라 발전의 기회를 잡았으나, 이로써 백제와 신라의 관계는 동맹국에서 원수지간으로 바뀌었다.

고구려와 백제의 미움을 사 한반도에서 고립된 신라

한강 유역으로 땅을 넓힌 진흥왕은 영토 확장을 위한 노력을 여기에서 멈추지 않았다. 여세를 몰아 더 넓은 땅을 차지하기 위해 전쟁을 계속했다. 일단 진흥왕은 가야 연맹을 무너뜨리고 대가야 지역을 점령했고 가야 땅은 모두 신라 차지가 되었다. 또한 고구려를 공격하여 북쪽으로도 땅을 확장했다.

집권 내내 전쟁을 하고 승리를 거두면서 진흥왕 시대의 신라 영토는 이전과는 비교도 할 수 없을 만큼 넓어졌다. 그리고 이를 기념하기 위해 진흥왕은 순수비를 세웠다. 순수비란 왕이 직접 그 땅을 둘러보고 이를 기념하기 위해 세우는 비석으로, 진흥왕 순수비는 현재 네 개가 남아 있다. 한강 유역을 차지한 것을 기념하는 북한산비, 가야 땅을 점령하고 세운 창녕비, 고구려를 공격해 북쪽으로 땅을 넓힌 후 세운 마운령비와 황초령비가 그것이다.

진흥왕이 영토를 확장하며 신라의 발전을 앞당긴 것은 확실하다. 하지만 진흥왕의 욕심 때문에 신라는 한반도에서 위기를 맞게 되었다. 신라에 배신당하고 한강 유역을 빼앗긴 백제 사람들은 신라를 향한 복수심에 불탔고, 고구려를 공격함으로써 고구려마저 신라의 적으로 만들었기 때문이다. 급기야 고구려와 백제는 신라에 맞서기 위해 동맹을 맺었고 신라는 한반도에서 고립되는 지경에 이르렀다.

이제 신라가 기댈 수 있는 나라는 중국뿐이었고 이후 신라는 중국의 수나라, 당나라와 교류하며 한반도에서 살아남기 위한 방법을 모색했다. 신라가 삼국을 통일하는 과정에 당나라가 개입하게 된 이유가 바로 여기에 있다. 진흥왕의 집권과 업적으로 신라는 이전 시기에는 상상조차 할 수 없는 발전을 이루었으나, 동시에 신라에게 불리하게 형성된 새로운 국제 정세 속에서 살아남기 위한 방법을 강구해야 하는 절박한 상황에 놓인 것이다.

진흥왕 순수비와 단양 적성비

진흥왕이 세운 비석을 순수비라고 부르는 이유는 비석에 '순수(巡狩)'라는 한자가 새겨져 있기 때문이다. 순수는 중국의 황제가 나라 곳곳을 돌아다니며 통치 상황을 보고받는 것을 의미하는데, 진흥왕은 영토를 넓힌 후 중국 황제처럼 말을 타고 돌아다니며 넓어진 영토를 확인했기에 비석을 세운 후 '순수'라는 글자를 써 넣었다.

진흥왕이 세운 순수비의 개수는 정확하게 알 수 없지만 현재는 네 개가 남아 있다. 북한 땅인 함경도에 황초령비와 마운령비, 북한산 위에 세워졌던 북한산비, 경상남도에 창녕비가 있다. 현재 북한산비는 국보 제3호로 지정되어 국립 중앙 박물관에 보존되어 있으며, 창녕비는 국보 제33호로 지정되어 경상남도에서 보존하고 있다.

한편 신라 진흥왕이 백제와 연합하여 고구려에 맞서 싸워 가장 먼저 빼앗은 지역은 단양의 적성 지방으로, 그곳을 차지한 진흥왕이 승리를 기념하고 그 지역 주민들을 신라 백성으로 만들기

북한산 신라 진흥왕 순수비(왼쪽)와 창녕 신라 진흥왕 순수비. 비봉 정상에 있던 북한산비는 현재 국립 중앙 박물관에 있으며 비 왼쪽 면에는 조선 시대 금석학자 김정희가 밝혀낸 사실이 기록되어 있다. 창녕비는 창녕에 행차한 진흥왕이 국경을 확인하고 신하들 앞에서 밝힌 새로운 정책이 기록되어 있으며 본디 이름은 순수비가 아니라 척경비다(그림 18, 19).

위해 세운 것이 단양 적성비다.

　단양 적성비에는 진흥왕이 고구려와 싸울 때 신라를 위해 싸우다 죽은 야이차에 대한 이야기가 기록되어 있다. 야이차처럼 신라를 위해 공을 세우면 상을 주겠다는 내용을 비석에 새김으로써 적성 사람들을 신라 백성으로 살아가도록 하려는 것이 이 비석을 세운 목적이라 할 수 있다.

　진흥왕이 비석까지 세우면서 단양 적성 주민들을 신라 사람으로 만들려고 한 까닭은 그곳이 군사적으로 중요했기 때문이다. 적성 지방은 한강 상류의 교통 요충지로, 북쪽으로 영토를 넓히고자 하는 신라에게는 반드시 필요한 지역이었다.

　단양 적성비에는 신라 장군들에 대한 기록도 있는데 그중에는 우리에게 익숙한 사람이 있다. 신라가 울릉도와 독도를 점령할 때 나섰던 김이사부와 김유신의 할아버지인 김무력이다. 단양 적성비는 현재 국보 제198호로 지정되어 보존 중이다.

선덕 여왕은 여자인데도 어떻게 왕이 될 수 있었을까?

오늘날은 남녀 차별이 많이 사라졌지만 옛날에는 사회적 위치도 해야 할 일도 각각 다르다고 생각해 남녀 구별이 엄격했다. 특히 동서양 모두에서 여자는 정치에 절대 참여할 수 없다고 여겼다. 그럼에도 우리나라에는 모두 세 명의 여왕이 존재했다. 바로 선덕 여왕, 진덕 여왕, 진성 여왕으로 신기하게도 세 명 모두 신라의 왕이다. 신라에서는 여자가 어떻게 왕이 될 수 있었을까?

골품제가 엄격하게 지켜진 사회

신라 사회에는 귀족 간 서열을 정리한 골품 제도가 있었다. 이 골품 제도는 신라 전 시대에 걸쳐 엄격하게 적용되고 어느 누구에게도 예외를 두지 않았다. 골품 제도에 따르면 신라 왕족으로는 성골과 진골 두 귀족층이 있는데, 원래는 성골만이 왕위에 오를 수 있다. 그 이유는 성골만이 부모 모두 왕족인 순수 혈통이기 때문이다.

하지만 시간이 흐르면서 문제가 발생했다. 순수 혈통인 성골의 수가 점차 줄어들어 왕이 될 수 있는 후보자 수 또한 줄어든 것이다. 고려나 조선 시대에는 왕의 대를 이을 아들이 없는 경우, 친척 중 적당한 사람을 왕으로 앉히는 일이 종종 있었지만 신라는 달랐다. 골품 제도는 누구도 거스를 수 없는 절대적 규율이기에 왕은 무조건 성골이어야만 했다. 그렇다 보니 성골이 아닌 남자가 왕이 되느니 성골 여자가 왕이 되는 것이 옳다고 여겼다. 이런 원칙에 따라 왕위에 오른 최초의 여왕이 바로 선덕 여왕이다.

우리나라 최초의 여왕이 되기까지

선덕 여왕은 신라 제26대 왕 진평왕의 둘째 딸이다. 아들이 없는 진평왕은 제25대 진지왕의 둘째 아들 용춘에게 왕위를 물려주려고 했다. 진평왕의 두 딸 가운데 첫째 천명 공주는 이 결정을 받아들였으나 둘째 선덕 공주는 반발했다. 용춘보다는 정치를 더 잘할 자신이 있었던 것이다. 선덕 공주는 용춘과 결혼한 후 자신

이 왕위에 올라 선덕 여왕이 되었다. 우리나라 최초의 여왕이 탄생하는 순간이었다.

선덕 여왕은 어릴 때부터 남달리 총명했다. 그 비범함을 말해 주는 여러 이야기가 전해지는데 그중 첫 번째 설화는 향기 없는 모란에 관한 이야기다. 선덕 여왕이 일곱 살 때 당나라 왕이 모란 꽃이 그려진 그림과 그 씨를 신라에 보내왔다. 이때 선덕 여왕은 그림만 보고 처음 보는 그 꽃에 향기가 없을 것이라고 예견했는데, 씨를 심어 키워 보니 진짜로 꽃에서 향기가 나지 않았다. 모란에 향기가 없다는 것을 어떻게 알았느냐는 사람들의 질문에 선덕 여왕은 그림 속에 큰 꽃이 있는데도 나비가 그려져 있지 않은 것을 보고 향기가 나지 않을 것이라고 추측했다고 답했다.

선덕 여왕의 총명함을 보여 주는 두 번째 설화는 백제군을 물리친 이야기다. 어느 겨울날 추운 날씨임에도 개구리가 떼지어 울고 있는 것을 기이하게 여긴 신하가 이 사실을 선덕 여왕에게 아뢰었다. 계절과 맞지 않는 이야기를 전해 들은 선덕 여왕은 주변에 백제군이 매복해 있을 것이라고 생각하고 군대를 보냈다. 그곳에는 여왕의 말처럼 백제군 500여 명이 숨어 있었고, 그들은 선덕 여왕이 보낸 군대에 섬멸당했다.

세 번째는 선덕 여왕 자신의 죽음과 관련된 설화이다. 선덕 여왕은 자신이 죽을 날짜를 예언하고 죽은 후 시신을 도리천에 묻어 달라고 했다. 사람들은 선덕 여왕의 부탁에 어리둥절해했다. 왜냐하면 도리천이란 불교에서 부처님이 다스리는 나라를 가리키는 말로 현실 세계에는 존재하지 않는 곳이기 때문이다. 그래서 사람들이 선덕 여왕에게 도리천이 어디냐고 묻자, 경주에 있는 낭산 남쪽이라고 답했다. 선덕 여왕은 정말로 예언한 날 세상을 떠났고 사람들은 유언에 따라 낭산에 무덤을 만들었다.

그런데 선덕 여왕이 죽고 30년 후 선덕 여왕 무덤 아래쪽에 사천왕사가 지어졌다. 사천왕사는 불교의 수호신 사천왕을 모시는 절인데, 사천왕사가 선덕 여왕의 무덤을 지키는 모양새가 된 것이다. 사람들은 이를 두고 사천왕이 선덕 여왕의 무덤을 지키니 여왕의 무덤은 도리천이나 다름없다며, 선덕 여왕이 이 사실을 예견하고 자신의 무덤을 낭산에 만들도록 한 것이라고 이야기했다.

위의 이야기들 속에는 과장이나 추측이 섞여 있기는 하나, 요컨대 이런 이야기들이 지금까지 전해질 만큼 선덕 여왕의 총명함은 남달랐다. 하지만 여왕으로서 그 자리를 유지한다는 것이 쉬운 일은 아니었다. 일부 사람들은 여자가 왕을 한다는 사실에 불만을 품고 반란을 일으키기도 했다.

647년(선덕 여왕 16년) 귀족 대표인 상대등 자리에 있는 비담은 여왕이 존재하는 한 나라가 옳게 다스려질 수 없다는 이유로 반란을 일으켰다. 비담은 자신을 따르는 군사를 이끌고 궁성 중 하나인 명활산성을 근거지로 삼아 선덕 여왕의 군대와 전쟁을 벌였다. 비담의 군대가 워낙 강해 선덕 여왕을 보필하는 김유신조차 고전했다.

그러던 어느 날 큰 별똥별이 선덕 여왕이 머무는 경주 월성에 떨어졌다. 옛날 사람들은 별똥별을 불길한 징조로 생각했으므로 비담은 별이 선덕 여왕의 궁으로 떨어졌음은 하늘이 선덕 여왕을 버린 것이라며 자신의 승리를 장담했다. 가뜩이나 비담 군대의 사기에 밀리고 있던 김유신은 고민 끝에 연에 불을 붙여 하늘로 날려 보냈는데, 마치 별똥별이 하늘로 올라가는 것처럼 보였다. 사람들은 이를 두고 하늘이 다시 선덕 여왕을 택했다고 생각했다. 김유신 군대는 사기가 올라갔고 반대로 비담 군대는 맥이 빠져 결국 반란은 실패로 돌아갔다.

신라 귀족의 대표 비담이 왕에게 반기를 든 것은 그만큼 여자가 왕이 되는 데에 반대하는 귀족이 많았음을 보여 주는 사건이다. 이와 같이 목숨을 위협받는 위기도 있었으나 선덕 여왕은 그 어느 왕 못지않은 훌륭한 업적을 남겼다.

선덕 여왕, 삼국 통일의 기초를 닦다

선덕 여왕은 정치 안정을 위해서도 노력했지만 여성의 장점을 살려 백성들의 생활을 돌보는 섬세함을 보였다. 그리고 선덕 여왕 시대에 신라의 국력이 약해지지 않았으며, 김춘추와 김유신 등 영웅들을 거느리고 삼국 통일의 기초를 닦았다. 선덕 여왕의 많은 업적 가운데 가장 돋보이는 것은 신라의 문화 발전에 힘을 쏟은 점이다. 선덕 여왕은 신라를 대표하는 문화재인 황룡사 9층 목탑, 분황사, 첨성대를 남겼다.

황룡사 9층 목탑은 황룡사라는 절에 있던 나무로 만든 탑인데 안타깝게도 지금은 남아 있지 않다. 진흥왕 때 세워진 황룡사는 짓는 데에만 17년이 걸린 우리나라 최대 규모의 절이다. 선덕 여

경주 황룡사지. 신라의 왕들은 나라에 중대한 일이 있을 때면 황룡사에서 불보살의 도움을 빌었다고 한다. 황룡사 금당 벽에 솔거가 그린 〈노송도〉에 새들이 앉으려다가 부딪혀 떨어졌다는 이야기가 전해진다(그림 20).

왕은 그 절 한가운데 9층 탑을 만들었는데 높이가 80미터로 당시 아시아에서 가장 높은 탑이었다. 80미터면 아파트 25층 이상 높이에 해당한다. 탑의 밑바닥 또한 가로세로 각각 29미터의 정사각형으로 어마어마한 크기다.

황룡사 9층 목탑은 643년(선덕 여왕 12년) 당나라에서 유학하고 돌아온 승려 자장의 권유로 짓기 시작해 645년 완공되었다. 당나라에서 유학 중이던 자장 앞에 어느 날 신인(신의 사람)이 나타나 이야기했다.

"지금 그대의 나라는 여자를 왕으로 삼았으므로 덕은 있어도 위엄이 없소. 그 때문에 이웃 나라에서 침략을 계획하는 것이니 그대는 빨리 신라로 돌아가 9층 탑을 세우시오."

신라로 돌아온 자장이 전하는 이 이야기를 들은 선덕 여왕은 탑을 짓기 위해 최고의 조각가로 소문난 백제 사람 아비지에게 탑의 건축을 부탁했다. 아비지는 원수 나라인 신라에서 탑을 만들어야 한다는 사실에 망설였지만, 예술을 한다는 생각으로 신라에서 탑 세우는 일을 시작했다. 그러던 어느 날 아비지는 백제가 멸망하는 꿈을 꾸었다. 불길한 마음에 그는 탑 짓는 일을 그만두려 했으나 거센 바람과 함께 나타난 노스님과 장수가 탑을 만드는 것은 부처님의 뜻임을 알렸다. 그는 계속해서 탑을 지었다.

사실 황룡사 9층 목탑은 신라를 둘러싸고 있는 아홉 나라의 침략에 대비하여 9층으로 만든 것이고, 그 아홉 나라에는 당연히 백제도 포함되어 있었다. 탑이 완성되어 갈 즈음 아비지는 이 사실을 알았지만 부처님의 뜻을 거역할 수 없었기에 탑을 완성했다. 그러나 탑이 완성된 뒤 아비지는 죄책감을 이기지 못하고 강물에 뛰어들어 스스로 목숨을 끊었다고 한다.

황룡사 9층 목탑은 크기나 예술성 면에서 아시아 최고의 탑이었지만, 1238년 몽골 침략기에 몽골족에 의해 황룡사가 불타면서 같이 없어졌고 현재는 탑이 있던 자리만 남아 있다.

분황사는 경주에 있는 규모가 작은 절인데 이름에 숨은 뜻이

경주 분황사 모전 석탑. 돌을 벽돌 모양으로 다듬어 쌓은 탑을 모전 석탑이라고 부른다. 현재 3층
까지만 남아 있으나 원래는 9층이었다고 한다. 임진왜란으로 크게 훼손된 것을 일제 강점기 때 수
리·복원했는데 당시 유물이 다량 발견되었다(그림 21).

있다. 분황사의 분(芬)은 '향기로움', '향기', '좋은 냄새', '좋은 명
성', '부드러움', '온화함' 등을 뜻하는 글자이고 황(皇)은 흔히 임
금을 뜻하지만 그 외에 '크다', '아름답다', '바로잡다', '엄숙하다'
등의 뜻을 지니고 있다. 이 두 글자가 합쳐진 분황이라는 이름은
'향기로운 꽃', '명성을 떨치는 황제', '많고 크다', '향기롭고 아름
답다' 등으로 해석할 수 있다.

선덕 여왕이 이 절의 이름을 분황사로 지은 것은 여성 왕의 즉
위를 문제 삼는 당시의 정치 현실 속에서 여성이라고 해도 정치
하는 데에 전혀 문제 될 게 없다는 자신감과 의지를 보여 주기

경주 첨성대. 632~647년 사이에 건립된 것으로 추측되며, 복원이나 재건을 거치지 않고 창건했을 때의 모습 그대로 보존되어 있다(그림 22).

위함이었다. 말하자면 여왕의 존재를 정당화함으로써 자신의 정치에 문제를 제기하는 사람들의 기를 누르기 위한 의도에서 분황사를 지은 것이다.

마지막으로 첨성대는 별을 관측하기 위해 만든 천문 관측 시설이다. 농업을 중시한 우리나라에서는 농사와 직접 관련이 있는 날짜와 날씨를 알기 위해 일찍부터 별을 관측해 왔다. 별을 관측하는 기구는 우리나라만이 아니라 아시아 여러 나라에서 만들었는데 첨성대는 아시아에서 가장 오래된 천문 관측기구다.

높이도 그리 높지 않고 내부에 특별한 장치가 있는 것도 아니지만 첨성대에는 과학 원리가 숨어 있다. 첨성대는 모두 27단의 돌을 원통형으로 쌓아 올린 것으로 높이는 약 9.17미터다. 첨성대 중간 부분에는 가로세로 1미터 크기의 문이 하나 있는데, 문 아래쪽은 흙과 돌로 채워져 있으며 위쪽은 하늘을 향해 뚫려 있고 속이 빈 것이 특징이다. 꼭대기에는 우물 정(井) 자 모양으로 돌이 2단 짜여 있으며, 그 위에 관측기구를 올려놓고 별을 관측한 것으로 보인다.

첨성대를 만든 선덕 여왕은 신라 제27대 왕인데 첨성대의 단 수는 신기하게도 27단이다. 또 첨성대에 쓰인 돌은 모두 362개로 이는 음력의 1년 날짜 수와 일치한다. 당시에는 음력을 사용했으므로 일부러 날짜 수를 계산해서 돌을 쌓은 것이라고 할 수 있다. 첨성대 문의 높이는 첨성대 3단의 높이를 차지하고, 문을 기점으로 위아래가 똑같이 12단씩 배치되어 있어서 문 위쪽 12단, 문 3단, 문 아래쪽 12단을 더하면 27단이 된다. 그런데 위아래 단의 수 12는 1년의 달수와 일치한다. 게다가 27단과 관측기구를 놓던 꼭대기의 우물 정 자 모양 2단을 합하면 29가 되는데, 이는 음력 한 달의 날짜 수와 일치한다.

우연의 일치처럼 보이지만 이 모든 것은 결코 우연이 아니다. 첨성대는 그냥 돌을 높이 쌓아 올려 만든 건축물이 아니라 돌의 개수, 단의 수까지 전부 계산하여 만든 과학적인 건축물인 셈이다. 하늘을 관측하여 정확한 날짜와 날씨를 알고자 한 첨성대였기에 건축 단계부터 1년의 날수와 달수, 한 달의 날수 등을 계산해 과학적으로 만든 것이다.

이상에서 살펴본 것처럼 선덕 여왕은 우리나라 역사를 통틀어 최초의 여왕으로서 귀족들의 반대에 부딪혀 위기도 겪었지만, 어떤 왕과 비교해도 손색없을 정도로 큰 업적을 남겼다. 신라의 골품 제도 때문에 왕이 되었지만 우리나라 역사에 길이 남을 위대한 왕으로 인정받을 만하다.

을지문덕은 어떻게 100만 대군을 물리칠 수 있었을까?

현재 남아 있는 고구려의 무덤에는 벽화가 그려져 있는데 벽화 속 고구려 군사의 모습을 보면, 말고삐를 잡지 않고도 뒤돌아 화살을 쏠 정도로 무예 수준이 상당하다. 또한 경당이라는 학교에서는 군사 훈련이 필수일 정도로 고구려는 무예를 중시했다. 고구려가 이토록 무예를 중시한 이유는 중국 및 북방 유목 민족과 전쟁을 자주 치렀기 때문이다.

고구려가 치른 수많은 전투 중 가장 큰 전투로 기록되고 있는 것은 중국 수나라와의 전쟁인 살수 대첩이다. 과연 살수 대첩은 어떤 전투일까?

수렵도. 고구려 고분 무용총 내에서 발견된 그림으로 여기저기에 있는 사슴과 호랑이를 맞히려는 고구려인들의 활달하고 힘찬 기상을 엿볼 수 있다. 무와 수렵을 중시한 고구려에 비해 신라와 백제에는 전해지는 수렵도가 없다(그림 23).

고구려와 수나라, 그 전쟁의 서막

중국은 수나라가 등장하기 전 약 370년 동안(221~589년) 여러 나라로 분열되어 있었다. 581년 세워진 수나라가 힘을 키워 589년 중국 전체를 통일하고 나서야 중국의 정치는 통합되었다. 중국을 통일하기 전까지 수나라는 고구려를 비롯한 주변 나라와 평화로운 관계를 유지했다. 그러나 통일을 이룬 후 자신의 세력 범위를 넓히는 과정에서 주변과 충돌하기 시작했다. 특히 거란족과 말갈족이 살고 있는 지역에까지 영향력을 행사하려 하면서 고구려와 갈등 관계에 놓이게 되었다. 원래 거란족과 말갈족은 고구려의 영향력하에 있는 민족이기에 그 지역에 수나라가 침략했다는 것은 고구려에 대한 도전을 의미했다. 이때부터 고구려와 수나라의 관계는 좋지 않았다.

두 나라의 갈등 관계는 고구려의 요서 지방 공격을 계기로 더욱 심화되었다. 요서 지방은 중국과 가까울 뿐만 아니라 수나라도 노리는 지역이었다. 게다가 고구려는 이 과정에서 거란족, 말갈족뿐 아니라 수나라와 사이가 좋지 않은 돌궐족과 교류하며 수나라를 견제했다. 이에 수나라가 대규모 전쟁을 준비하면서 고구려와 수나라의 전쟁은 시작되었다.

고구려와 수나라의 제1차 전쟁

고구려의 요서 지방 공격 후 수나라 왕 문제는 30만 대군을 이끌고 고구려로 쳐들어왔다. 고구려는 이전부터 수나라와의 전쟁을 준비하고 있었기에 두 나라의 싸움은 대규모 전쟁으로 확대되었다. 수나라는 고구려의 힘을 얕잡아 보았다. 고구려의 전쟁 준비에 대해 수나라 문제는 "요수가 넓다 한들 어찌 장강보다 넓겠으며, 고구려 사람이 많다 한들 어찌 진나라보다 많을 것인가"라며 고구려를 자극했다. 여기에서 요수는 요하(랴오허강), 장강은 중국 남부의 창장을 말하는 것으로, 고구려가 요하를 차지했다고 해도 중국 창장에 비하면 작은 강에 불과하고 고구려가 큰 나라라고 해도 진나라 즉 중국과는 비할 바가 못 된다는 뜻이다.

이처럼 야심 차게 고구려에 침략해 왔으나 기록에 따르면 수나라 군대는 장마와 전염병으로 제대로 싸워 보지도 못하고 돌아갔다고 한다. 물론 이 기록은 중국의 기록이므로 정말로 장마와 전염병 때문인지 아니면 고구려와의 전투에서 대패한 것인지 알 길이 없지만, 당시 수나라 군대 30만 명이 열의 아홉은 죽었다고 하니 그 피해가 어느 정도였는지 짐작할 수 있다.

이유야 무엇이든 고구려와의 전투에서 패한 수나라는 자존심에 상처를 입어 그 뒤 한동안 고구려와의 충돌을 피했다. 말하자면 일정 기간 두 나라 사이에는 평화 관계가 유지된 셈이다.

고구려와 수나라의 제2차 전쟁 – 을지문덕과 살수 대첩

제1차 전쟁 후 고구려와 수나라는 평화 관계를 유지하는 듯했지만 요하를 둘러싼 두 나라의 신경전은 이어졌다. 수나라는 군수 물자 수송에 필요한 대운하를 파는 등 고구려 침략을 준비했고, 고구려는 고구려대로 수나라를 견제하기 위해 돌궐족과 연계하여 수나라의 공격에 대비했다.

마침내 612년 수나라의 두 번째 왕 양제가 113만 3,800명에 이르는 대군을 이끌고 고구려에 침략했는데, 그 수가 얼마나 많은지 군대를 출발시키는 데에만 40일이 소요되었다고 한다. 수나라 군대는 수군과 육군으로 나뉘어 육군은 요동성을 공격하고 수군은 바다를 통해 대동강으로 들어와 평양성을 공격하기로 했다.

수나라는 군대 규모로 보아 전쟁에서 자신들이 쉽게 승리할 것으로 판단했다. 고구려는 정면 대결보다는 게릴라전을 펴며 수나라에 맞섰고, 그 결과 수나라 육군은 목표한 요동성 함락에 실패했다. 평양을 목표로 출발한 10만 수군 역시 상륙 후 고구려군의 유인술에 빠져 제대로 된 전투 한 번 못해 본 채 패하고 말았다. 이처럼 전쟁의 양상이 생각과 달리 장기전으로 흘러가자, 오히려 당황하는 쪽은 수나라였다.

수나라는 우중문, 우문술 등을 지휘관으로 한 30만 5천 명의 별동대를 편성하여 압록강을 건너 고구려의 수도 평양성을 공격함으로써 전쟁을 자신들에게 유리한 쪽으로 이끌려 했다. 그러나 이 작전은 고구려 장군 을지문덕에게 간파당했다. 수나라가 압록강을 건너 공격해 올 것을 사전에 눈치 챈 을지문덕은 대규모 수나라 군대를 직접 상대하기보다는 이들을 고구려에 유리한 곳으로 유인하여 이기는 방법을 궁리했다.

고구려 군대는 수나라 별동대와 싸우는 척하다가 거짓으로 퇴각했다. 전쟁이 자신들에게 이롭게 흘러간다고 판단한 수나라 군대는 압록강을 건너 평양성 부근까지 깊숙이 들어왔다. 하지만 그곳은 군수품이나 식량을 배급받기 힘든 데다 본진에서 너무 멀리 떨어져 있어 자기 나라 군대의 도움을 받기도 어려운 곳이었다.

을지문덕은 평양성 부근까지 침입한 수나라 대장 우중문에게 시 한 편을 지어 보내 그의 어리석음을 비꼬았다. 시를 받고서야 자신들이 속았다는 것을 깨달은 수나라 군대는 황급히 북쪽으로 퇴각하기 시작했다. 을지문덕은 곧바로 쫓아가지 않고 수나라 군대가 살수(지금의 청천강)를 반쯤 건널 때까지 기다렸다가 공격을 감행했다. 살수 싸움에서 수나라는 크게 패하여 30만 5천 명 중 살아 돌아간 자는 고작 2,700명에 불과했다고 한다. 이렇게 대승을 거둔 이 전투를 '살수 대첩'이라고 부른다.

수나라 양제는 신하들의 반대에도 불구하고 613년과 614년 또다시 고구려 침략을 감행했으나 성과를 거두지 못했다. 특히 마지막 침략 중에는 전쟁에 지친 백성들이 반란을 일으키는 바람에 전쟁을 포기하고 중국으로 돌아가야만 했다.

명실상부한 동아시아 최강자가 된 고구려

기록을 보면 수나라가 중국을 통일할 때 동원한 군대가 50만 명이라고 한다. 그런데 고구려 제2차 침략 때 쳐들어온 군대가

113만이 넘으니 수나라가 고구려와의 전쟁을 얼마나 중요하게 여겼는지 알 수 있다. 그러나 수나라는 대규모 군대를 동원하고도 고구려에 승리하기는커녕 국내에서 반란이 일어나는 바람에 멸망하고 말았다.

멸망 위기에 놓이면서까지 수나라가 이토록 고구려와의 전투에 전력을 다한 까닭은 고구려와의 전쟁 자체가 동아시아 패권을 다투는 싸움이었기 때문이다. 사실 수나라 이전 중국이 여러 나라로 분열되어 있던 시기 동아시아의 최강자는 고구려였다. 중국을 통일한 수나라는 이제 자신이 패권을 쥐고 싶어 했다. 그리고 그를 위해서는 고구려를 이겨야만 했는데 고구려와의 싸움에서 패하고 말았다. 그 뒤 수나라는 역사 속으로 사라졌다.

반면 고구려는 대규모의 수나라 군대를 물리치면서 명실상부한 동아시아의 승자 자리를 굳힐 수 있었다. 그렇지만 고구려 역시 수나라와의 전쟁에서 많은 것을 잃었다. 오랜 시간 수나라 군대와 전쟁을 하는 동안 고구려의 국력은 크게 약해졌고, 이는 고구려가 삼국 간 항쟁에서 밀려나는 계기가 되었다.

을지문덕의 시 〈여수장우중문시〉

을지문덕은 수나라와의 전쟁 중에 수의 장군 우중문에게 시를 보내 그의 어리석음을 지적했다. 그때 지었다는 을지문덕의 시 〈여수장우중문시〉가 《삼국사기》에 실려 있다.

> 귀신같은 책략은 하늘의 이치를 다했고
> 오묘한 꾀는 땅의 이치를 깨우쳤네
> 싸움에서 이긴 공이 이미 높으니
> 만족함을 알고 그만두기를 이르노라

'우중문 당신은 이미 큰 공을 많이 세운 훌륭한 장군이므로 이 제 그만 만족하고 집으로 돌아가라'는 내용의 이 시에는 자신을 절대 이길 수 없다는 을지문덕의 자신감이 배어 있다. 결국 전쟁의 승리는 을지문덕에게 돌아갔으니 시를 통해 보여 준 을지문덕의 자신만만함은 근거 없는 소리가 아니었음이 증명된 셈이다.

중국인들은 왜 연개소문을 싫어할까?

수염이 길고 몸집이 크며 칼을 다섯 자루나 차고 다녔으며 사람들이 감히 똑바로 볼 생각을 못 했다. 말을 타고 내릴 때에는 부하가 항상 땅에 엎드려 노둣돌이 되어 주었다. 밖에 나갈 때에는 호위병이 줄줄이 늘어서 그를 지켰는데 선두에서 크게 소리치며 행차를 알리면 사람들은 두려워서 피하다가 엉겁결에 시궁창에 빠지기도 했다.

김부식이 《삼국사기》에서 고구려를 대표하는 인물 중 한 명인 연개소문에 대해 기술한 내용이다. 이 글만 보면 연개소문은 성격이 포악한 사람인 것처럼 느껴진다.

하지만 연개소문이 진짜 이런 사람이었는지는 의심해 볼 필요가 있다. 역사학자 신채호와 박은식은 연개소문을 위대한 혁명가이자 독립 정신이 투철한 인물로 평가한다. 대체 연개소문은 어떤 사람이었을까?

왕을 죽이고 정권을 차지한 연개소문

연개소문은 대대로라는 관직에 오른 귀족이다. 대대로는 고구려 귀족들의 대표자로서 국가의 일을 결정하는 데 있어 중요한 역할을 하는 자리였다. 그런데 연개소문이 대대로가 되고 정치를 시작했을 때 고구려는 이미 위기에 처해 있었다.

고구려는 중국 수나라의 침략을 물리치며 국가의 위상을 높였지만 오랜 기간에 걸친 수나라와의 전쟁으로 국력이 크게 쇠한 상태였다. 그때 중국에서는 수나라에 이어 당나라가 세워졌고, 당나라 왕 태종은 호시탐탐 고구려에 침략할 기회를 엿보고 있었다. 중국을 중심으로 한 국제 질서를 형성하고 싶은 당나라 입장에서 고구려는 반드시 물리쳐야 할 나라였다.

당나라가 본격적으로 전쟁 준비를 하면서 두 나라 사이에는 긴장 관계가 지속되었는데, 이때 고구려 영류왕은 당나라와 맞서기보다 화해하고 싶어 했다. 당나라는 화해 조건으로 포로로 잡혀 있는 수나라 군사 1만 명을 당나라에 돌려보낼 것, 그리고 고구려 왕세자가 당에 인사 올 것을 요구했다. 이 요구에 대해 고구려 내에서는 찬성과 반대로 의견이 갈렸다. 당나라와 무리하게 전쟁을 하기보다는 모욕적이기는 하나 화해하자는 의견과 그러한 요구는 고구려를 무시하는 것이므로 맞서 싸우자는 의견으로 나뉜 것이다.

642년 가을 연개소문은 대대적인 군대 사열식을 개최하면서 많은 귀족을 초대했다. 식이 한창 거행되고 있는 가운데 연개소문의 신호로 그의 부하들은 순식간에 귀족 100여 명을 죽이고 그 길로 곧장 궁으로 달려가 영류왕을 시해했다. 그런 다음 연개소문은 영류왕의 조카를 새로운 왕으로 세우고(보장왕) 정권을 장악했다.

연개소문이 왕을 죽이면서까지 정권을 장악한 이유는 당나라와의 관계 때문이다. 연개소문과 그를 따르는 무리는 굴욕적인 관계를 맺으면서 당나라와 화해를 할 바에는 당당히 맞서 싸울 것을 택했지만, 왕이 당나라와 화해하려고 하자 반란을 일으킨 것이다. 또한 전쟁에 반대하는 왕과 귀족들은 연개소문을 제거할 계획을 세웠는데, 연개소문이 이를 먼저 알아채고 반격을 가한 것이다. 결국 정권을 장악한 연개소문은 즉시 전쟁 준비에 돌입했다.

고구려와 당나라의 전쟁

고구려에서 연개소문이 정권을 장악할 즈음 당나라 태종은 자신의 세력 범위를 넓혀 가고 있었다. 일단 고구려 북쪽에 위치하면서 고구려와 협력 관계에 있는 돌궐을 공격해 땅을 빼앗았고 서쪽으로도 땅을 넓혔다. 오늘날에도 중국인이 가장 자랑스러워하는 역대 중국 왕조는 한나라와 당나라인데, 당나라는 특히 태종 때 영토를 넓히며 그 힘을 키웠다.

이런 당나라가 최종적으로 노린 나라는 고구려였다. 고구려는 수나라가 중국을 통일하기 전까지 사실상 동아시아 최강국이었고 수나라 100만 대군과 맞서 싸워 이긴 나라였기에, 당나라가 아시아에서 패권을 차지하기 위해서는 반드시 고구려를 꺾어야만 했다. 문제는 언제, 무엇을 구실로 삼아 고구려에 쳐들어가느냐였다.

이때 신라는 고구려와 군사적 동맹을 맺고자 했다. 신라는 진흥왕이 성왕을 배신하고 한강 유역 전체를 차지했다는 이유로 끊임없이 백제의 공격을 받고 있었다. 백제의 공격에 시달리던 신라는 고구려에 도움을 요청했다. 하지만 고구려는 신라를 도와주지 않았다. 신라가 차지하고 있는 한강 유역은 본디 고구려 땅이므로 우선 한강 유역부터 돌려줄 것을 요구했다.

결국 신라와 고구려의 군사 동맹은 이루어지지 못했고 한반도에서 백제와 고구려 모두에게 적이 된 신라는 당나라를 찾아가 도움을 요청했다. 이에 당나라는 신라와 군사 동맹을 맺음으로써 고구려를 공격할 구실을 만들었다. 당나라는 반역을 일으킨 연개소문을 제거하겠다는 것과 신라와의 사이가 좋지 않다는 점을 내세워 고구려를 공격했다.

전쟁 초반의 전세는 당나라에 유리했다. 당 태종이 직접 이끄는 당나라 군대는 고구려의 주요 성들을 점령하고 특히 수나라의 113만 대군도 함락하지 못한 요동성마저 무너뜨리자, 당나라 군대의 사기는 하늘을 찌를 듯했다. 하지만 고구려 군대의 반격도 만만치 않았다. 주요 길목에 있는 성들을 지켜 내며 당나라 군대의 보급로를 차단했다.

두 나라 전쟁의 하이라이트는 안시성 싸움이다. 당나라에서 고구려로 들어가는 길목에 위치한 안시성은 당나라 입장에서는 반드시 함락해야 하는 곳이었고, 고구려 입장에서는 안시성을 지킨다면 당나라의 침략을 막아 낼 수 있는 곳이었다. 안시성을 지키는 장군 양만춘은 성안의 백성들과 함께 성문을 걸어 잠그고 당나라 군대에 맞서 싸웠다.

당나라 군대는 수적으로 우세함에도 60일이 지나도록 안시성을 함락하지 못했다. 안시성을 지키는 장군 양만춘이 특유의 리더십과 전술로 주민들과 힘을 모아 당나라 군대의 침략을 막아

냈기 때문이다. 초조해진 당나라 군대는 안시성 바깥에 높은 흙산을 쌓아 성을 공격할 계획을 세웠지만 실패하고 흙산마저 고구려 군대에 빼앗기고 말았다. 설상가상으로 겨울이 다가와 전쟁이 어려워져 어쩔 수 없이 당나라는 철수를 결정하고 요하를 건너던 중 고구려의 공격을 받은 당나라는 군사 대부분을 잃고 말았다.

가까스로 도망친 당나라 황제 태종은 죽는 순간에 이런 유언을 남겼다고 한다.

"나의 자식들은 어떠한 경우라도 고구려를 공격하지 마라. 너희가 이길 수 있는 나라가 아니다. 고구려를 공격하다가 오히려 우리가 위태로울 것이다."

우리 민족의 방파제 고구려

고구려가 수나라와 당나라의 공격을 저지한 것은 고구려를 지켜 냈다는 것 이상의 의미가 있다. 당시 수나라와 당나라는 주변 나라들을 공격하여 대부분 승리로 이끌며 중국의 지배 영역을 넓히고 있었다. 만약 고구려가 전쟁에 졌더라면 고구려 땅도 중국 땅이 되었을 것이다. 그리고 중국의 영토 지배 욕심은 거기에서 끝나지 않고 분명 백제와 신라를 공격했을 것이다. 삼국 가운데 고구려의 군사력이 가장 막강한 점을 고려해 볼 때, 고구려가 전쟁에서 졌다면 백제나 신라는 당연히 패했을 것이다. 그런 사태가 벌어졌다면 아마도 우리 민족이 세운 나라는 한동안 역사에서 사라졌을 수도 있다. 이 같은 점을 생각해 볼 때 고구려가 중국의 공격을 막아 낸 것은 대단히 중요한 일이다.

고구려가 중국의 침략을 막아 낸 것은 강한 군사력과 연개소문 같은 뛰어난 리더십을 지닌 지도자가 있었기 때문이다. 연개소문이 정치를 책임지고 있기에 주변 나라들은 쉽게 고구려를 공격하지 못했고 고구려의 정치는 안정되었다. 하지만 연개소문이 죽자 문제가 발생했다. 연개소문의 아들들은 정치권력을 차지하기 위해 싸우고 귀족들은 편을 갈라 다투기 시작했다. 연개소문 사후 쇠약해진 고구려는 마침내 여러 어려움에 봉착하며 분열되고 말았다.

연개소문과 당 태종의 악연

당 태종은 중국 최고의 황제 중 한 명으로 손꼽히며 지금까지 중국인의 존경을 받고 있는 인물이지만 연개소문과는 질긴 악연으로 얽혀 있다. 고구려와 당나라의 전쟁 당시 두 나라의 지도자로서 대결했다는 점 외에도 둘 사이에는 여러 이야기가 전해진다.

안시성 싸움에서 패한 당 태종이 군대를 이끌고 철수하며 도주할 때 연개소문이 그 뒤를 쫓아 만리장성을 넘어 당나라로 쳐들어갔다는 이야기가 있다. 물론 사실인지는 알 수 없으나 그만큼 당 태종이 연개소문 앞에서는 나약한 존재였음을 알 수 있다.

또 철수하는 길에 병을 얻은 당 태종이 전쟁에 나가지도 못하면서 고구려를 공격하라는 명령만 내리다가 이윽고 병이 악화되어 죽었다는 이야기도 전해진다. 특히 이 이야기 속에서 당 태종이 병을 얻게 된 이유는 연개소문이 쏜 화살이 당 태종의 한쪽 눈을 적중하여 실명하게 되었기 때문이라고 한다.

워낙 오래된 사건이고 전해지는 이야기가 여러 종류다 보니 어떤 것이 사실인지 알 길은 없지만, 당 태종이 연개소문에게 패했다는 점이 중국 사람들에게 수치스럽고 충격적이었던 것만은 틀림없는 사실이다. 중국인이 세운 나라 중 가장 넓은 땅을 가진 나라가 당나라고 당나라의 황제 중 가장 업적이 많은 왕이 당 태종인데, 그런 당 태종이 연개소문에게 눌렸으니 자존심이 크게 상하는 일인 것이다.

그래서인지 중국의 전통극인 경극 중에는 연개소문과 당 태종이 등장하는 작품이 있다고 한다. 물론 극 속에서는 당 태종이 연개소문을 이기는데, 이는 당 태종이 연개소문에게 패한 실제 사건을 반대로 표현한 것이다. 한국 역사를 잘 모르는 중국인들은 연개소문을 싫어하고 그를 나쁜 사람으로 알고 있다고 한다. 연개소문은 그만큼 중국인에게 두려운 존재였다.

오늘날 연개소문에 대한 평가는 다양하다. 뛰어난 리더십을 지닌 인물이었다고도 하고 군사적 지도력은 뛰어났으나 국제 정세를 파악하지 못했다고도 한다. 후계자를 제대로 키우지 못했다는 평가도 있다. 오늘날의 평가가 어떻든 중국 사람들이 어떻게 느끼든 연개소문은 자부심 강한 중국인들마저 두려움에 떨게 만든 대단한 인물이었음이 분명하다.

이슬람교의 원년 헤지라

세계 4대 종교 중 가장 늦게 성립된 종교는 이슬람교다. 이슬람교는 무함마드에 의해 성립되었는데, 무함마드가 태어날 당시 아라비아반도에는 통일된 국가 없이 유목 민족들이 부족을 이루며 살고 있었다. 무함마드는 유목 민족 중 하나인 쿠라이시족 출신이다. 어릴 때 부모님을 모두 잃은 무함마드는 할아버지와 큰아버지 손에 컸다. 큰아버지 일을 도와 열두 살 때부터 상인들을 따라다닌 무함마드는 크리스트교, 유대교 등의 교리를 배웠다.

무함마드는 메카에서 크게 무역업을 하던 미망인 카디자 밑에서 일했는데 성실하고 정직한 성격 덕분에 카디자의 신뢰를 얻었다. 카디자의 전폭적인 지지를 받은 무함마드는 스물다섯 살 되던 해 마흔 살의 카디자와 결혼하여 2남 4녀의 자녀를 두었다.

무함마드는 경제적으로나 가정적으로 부족함이 없는 생활을 누렸지만, 아라비아 지역의 종교에는 불만이 많았다. 당시 많은 아라비아 사람이 우상 숭배를 했는데, 그중에서도 메카의 검은 돌 카바는 가장 많은 사람이 숭배하는 신이었다. 돌이 신이 될 수 없다고 생각한 무함마드는 혼자 명상에 잠겨 종교에 대해 고민하는 일이 잦아졌다.

마흔 살 되던 해 어느 날 여느 때처럼 명상하는 무함마드 앞에 천사 가브리엘이 나타나 하느님의 말씀을 전파하라는 계시를 남겼다. 이때부터 무함마드는 다른 사람들에게 알라를 전파하기 시작했다. 알라는 이슬람 말로 '하느님'이라는 뜻이므로 크리스트교의 하느님과 이슬람교의 알라는 같은 신이 된다.

무함마드가 알라를 전파하며 메카의 우상 숭배를 지적하자 메카의 귀족들은 무함마드를 경계했다. 한번은 메카 사람들이 무함마드에게 돌을 던지며 죽이려 한 일이 있었다. 신변에 위협을 느낀 무함마드는 더 이상 메카에서 포교 활동을 할 수 없다고 판단하여 메카와 대립하고 있는 북쪽의 도시 메디나로 도망갔다.

메카 귀족의 위협을 피해 메디나로 가던 날 밤, 그믐달과 샛별만이 길을 밝혀 주었다. 이 사건을 이슬람교에서는 헤지라(성천)라고 부르며, 이 사건이 일어난 622년을 이슬람교의 원년으로 삼는다. 이슬람교도들의 달력에는 622년이 1년으로 표기되어 있다. 또한 이슬람교를 믿는 나라들의 국기에 그믐달과 별이 그려진 것이 많은 까닭은 헤지라 당시 무함마드를 지켜 준 하늘의 모습을 형상화했기 때문이다.

메디나로 간 무함마드는 이슬람교단을 만들고 전파 활동을 시

작했다. 이후 이슬람교는 수많은 신자를 거느리게 되어 무함마
드는 마침내 메디나의 지도자로 추대받았다. 메디나에서의 성공
을 시작으로 이슬람교는 아라비아반도 전체와 메소포타미아 지
역, 아프리카 북부, 그리고 중앙아시아를 거쳐 인도에 이르기까
지 급속도로 전파되었다.

크리스트교가 성립된 뒤 몇백 년간 박해를 받다가 어렵게 인정

받고 전파된 데에 비하면 이슬람교의 전파 속도는 그야말로 놀라운 것이었다. 이를 두고 서양 학자들은 이슬람교가 무력을 앞세웠기 때문에 비교적 짧은 시간에 많은 사람이 믿게 되었다고 이야기한다. 하지만 이슬람교가 빨리 퍼져 나간 진짜 이유는 무력이 아니라 평등을 앞세운 교리 때문이다. 무함마드는 모든 사람은 알라 앞에서 평등하다고 주장하고 심지어 사제도 인정하지 않았다. 이에 신분제에 억눌려 있는 하층민을 중심으로 이슬람교는 빠르게 번져 나갔다.

그리고 이슬람 세력은 이슬람교를 믿지 않는 사람들을 지배할 때도 폭력을 사용하지 않았다. 오히려 다른 종교를 믿는 사람들의 신앙과 풍습을 허용했으며, 다만 이교도인들에게는 지즈야라는 세금을 부과했는데 액수가 크지 않아 그다지 부담이 되지는 않았다. 이처럼 모든 사람을 존중하는 이슬람교를 경험한 사람들이 자발적으로 믿게 되면서 이슬람교는 짧은 시간에 널리 전파될 수 있었다.

신라 장군
김유신이 원래는
가야 사람이라고?

김유신은 우리나라 사람들에게 가장 많이 알려진 영웅이자 신라를 대표하는 장군이다. 그런데 김유신은 원래 신라 사람이 아니라 가야 사람이다. 가야는 신라에 의해 멸망한 나라로 두 나라는 원수지간이었다. 그런데 가야 사람인 김유신이 신라에서 장군이 되다니 대체 어떻게 된 일일까?

가야의 왕족 출신 김유신

김유신의 증조할아버지는 가야 연맹 여섯 나라 가운데 하나인 금관가야의 마지막 왕 구해다. 금관가야가 신라에 멸망한 뒤 구해의 가족은 모두 신라로 망명했다. 구해의 아들이자 김유신의 할아버지 김무력은 진흥왕을 도와 관산성 싸움에서 승리하여 신라에 큰 공을 세우는 등 김유신의 가족은 신라에 적응하며 살았다.

그러나 가야 사람이라는 이유로 김유신의 가족은 신라에서 인정받지 못했다. 김유신의 어머니 만명 부인은 진흥왕의 동생 숙흘종의 딸이었는데, 김유신의 아버지 김서현과 사랑에 빠지자 집에 갇히고 말았다. 신라 왕족과 가야 사람의 만남은 용납될 수 없는 일이었다. 결국 벼락이 치는 날 몰래 집에서 도망친 만명 부인이 김서현을 따라 지방으로 도망가 살면서 김유신을 낳았다고 한다.

김유신은 어릴 때부터 용맹하고 무예에 뛰어나 열다섯 살에 화랑이 되었고 수련을 게을리하지 않았다. 김유신이 소년 시절부터 삼국 통일의 뜻을 품고 힘을 키우기 위해 노력했다는 일화는 모두 이때 생겨난 것이다. 일부는 과장된 것도 있지만 김유신의 무예를 향한 노력과 타고난 소질은 의심의 여지가 없다.

유능한 장군으로 이름을 날리다

김유신의 이름이 널리 알려지게 된 것은 그가 서른세 살 때인 629년 고구려와의 낭비성 전투에서다. 신라가 고구려의 낭비성을 공격한 이 전투에서 신라군은 수세에 몰리고 부상자가 늘어

나면서 패색이 짙었다. 이때 김유신은 아버지 김서현에게 허락을 구한 뒤 혼자 적진에 뛰어들었다. 고구려에서도 무예가 뛰어난 장군이 나왔으나 김유신은 그 장군을 가볍게 제압했다. 김유신은 하늘의 별도 내려앉게 할 수 있다는 전설이 생길 정도로 칼솜씨가 대단했다. 김유신의 활약으로 기세가 살아난 신라군은 결국 전투에서 승리했다.

김유신은 이 전투로 신라 전역에 이름을 알리며 명성을 떨치게 되었다. 사실 이는 김유신 집안이 그간 신라에 세운 공이나 김유신 개인의 실력을 고려해 보면 늦은 성공이었다. 가야 출신이라는 배경 탓에 김유신이 신라에서 인정받기란 여간 힘든 일이 아니었다.

낭비성 전투에서 공을 세우고 나서야 능력을 인정받은 김유신은 이후 중요한 전투마다 참전하여 공을 세웠다. 특히 선덕 여왕 시기 왕이 여자라는 이유로 반란을 일으킨 비담의 군대를 제압한 일, 삼국 통일 과정에서 백제군을 물리치는 데 앞장선 일 등은 김유신이 명실상부한 신라 최고의 장군임을 보여 주는 사건이다.

김춘추와의 운명 같은 만남

능력 면에서 김유신은 신라의 어느 누구보다 뛰어난 장군이었지만 김유신에게는 가야 출신이라는 치명적인 약점이 있었다. 가야는 신라에게 망한 나라, 어찌 보면 신라의 식민지가 된 나라이며 김유신이 그 식민지 출신이라는 사실은 아무리 능력이 뛰어나다 해도 신라 귀족들이 김유신을 업신여기기에 충분한 이유가 되었다. 그리고 이 약점은 누구보다 김유신 자신이 가장 잘 알고 있었다.

이러한 김유신의 약점을 극복하게 해 준 인물이 김춘추다. 김춘추는 진골 출신 귀족으로 용모가 깔끔하고 언변이 뛰어나 앞으로 신라 정치를 대표할 수 있는 인물로 손꼽히고 있었다. 김춘추의 능력을 일찍부터 알아본 김유신은 자신보다 여덟 살이나 어린 김춘추와 친하게 지내며 인연을 이어 갔다.

그러던 어느 날 김유신 집에 김춘추가 놀러 와 공차기를 하던 중 김유신은 일부러 김춘추의 옷고름을 밟아 뜯어지게 했다. 김유신은 옷고름을 꿰매야겠다며 여동생 보희를 불렀다. 그런데 보희는 아프다는 핑계로 오지 않고 동생 문희가 대신 김춘추의 옷고름을 꿰매 주었다. 이를 계기로 문희와 김춘추는 자주 만나며 좋아하는 사이가 되었다. 그러나 신라 왕족 김춘추와 가야 출신 문희의 결혼은 쉽사리 성사되지 못했다.

이때 김유신이 꾀를 내었다. 문희가 임신한 사실을 알게 된 김유신은 선덕 여왕이 불공을 드리러 경주 남산에 오는 날, 결혼도

하기 전에 임신을 했다면서 불을 지피고는 여동생 문희를 죽이겠다고 동네방네 떠들고 소동을 부렸다. 이에 김춘추와 문희의 관계를 알게 된 선덕 여왕의 명령으로 두 사람의 혼인이 성사되었다. 이로써 김춘추와 사돈을 맺게 된 김유신은 명실공히 신라 왕족의 가족이 되면서 힘을 키워 나갔다.

그 뒤 비담의 반란을 진압하며 선덕 여왕의 신뢰를 얻은 김유신은 세력을 키우며 입지를 굳혀 갔다. 정치적으로도 힘을 키운 김유신은 김춘추를 왕으로 만들기 위해 노력했다. 성골 출신만 왕이 될 수 있는 신라에서 선덕 여왕에 이어 진덕 여왕까지 후사 없이 세상을 떠나자, 신라에 성골 출신은 사라졌고 어쩔 수 없이 진골 출신 가운데 왕을 뽑아야 하는 상황이 되었다.

진덕 여왕 사후 신라의 여러 신하와 귀족 들은 김알천이라는 사람을 왕으로 추대하려 했다. 그러나 김알천의 사양으로 김춘추가 왕이 되었는데 그 배후에 김유신이 있었다. 정치적인 면에서나 군사적인 면에서 김유신은 신라 최고의 장군이기에 김유신의 지지를 받지 못하는 한 진정한 왕이 될 수 없다고 판단한 김알천이 김춘추에게 왕의 자리를 내어 준 것이다. 그도 그럴 것이 김유신은 전쟁에서 단 한 번도 패한 적이 없다고 기록되어 있는데, 그것만으로도 김유신이 얼마나 영향력 있는 존재였는지를 짐작할 수 있다.

마침내 김춘추는 왕위에 올랐고, 스스로 왕이 되고 싶었으나 가야 출신이라는 약점 때문에 뜻을 이루지 못한 김유신은 김춘추를 통해 대리 만족했다. 신라 내부에서 최고의 권력을 손에 넣은 김춘추와 김유신은 힘을 합쳐 백제를 멸망시키고 삼국 통일의 기반을 다졌다.

김유신은 음험한 정치가일까, 용맹한 장군일까

백제를 멸망시키는 데 앞장선 김유신은 일흔셋이라는 고령에 병까지 얻어 고구려와의 전쟁에는 나서지 못했지만 신라에 남아 정치를 책임졌다. 김유신은 태종 무열왕 김춘추에 이어 김춘추의 아들 문무왕 시절까지 최고의 정치인으로 활약하다 일흔아홉의 나이로 세상을 떠났다. 김유신이 죽은 뒤 흥덕왕은 김유신을 흥무 대왕으로 봉하고 그 후손을 왕족으로 대우했다고 하니 신라에서 김유신이 어떠한 존재였는지 알고도 남음이 있다.

《삼국사기》의 지은이 김부식은 영웅들의 이야기를 서술한 열전 열 권 중 세 권을 김유신에 할애할 정도로 김유신을 영웅으로 추대했다. 하지만 김유신에 대한 부정적 평가도 있다. 삼국 통일 과정에서 신라 혼자의 힘이 아닌 당나라를 끌어들였기 때문이다. 이에 역사학자 신채호는 "김유신은 지용이 있는 명장이 아니요, 음험하기가 사나운 독수리 같은 정치가이며, 그 평생의 큰 공이 전장에 있지 않고 음모로 이웃 나라를 어지럽힌 자"라고 비판했다.

　이렇듯 오늘날 김유신에 대한 평가는 두 갈래로 나뉘지만 전쟁에서의 판단력과 용맹함, 시대를 읽고 사람의 능력을 파악한 총명함은 어느 누구도 부인할 수 없는 탁월한 면모임이 확실하다.

계백 장군은 왜 가족을 죽이고 전쟁에 나섰을까?

역사란 승자의 기록이라는 말이 있을 정도로 역사서 대부분은 승리자에 관해서는 관대하고 상세하게 후대에 전하지만, 패자에 대한 기록은 남아 있지 않거나 기록이 있더라도 잔인하게 깎아 내리는 것이 일반적이다. 그런 패자 가운데 드물게 존경을 받는 인물이 있으니 바로 계백이다. 대체 계백의 어떤 점이 많은 사람으로부터 존경심을 이끌어 낼까?

신라와 백제의 운명을 건 싸움 황산벌 전투

영화로 제작된 적이 있는 황산벌 전투는 백제와 신라의 마지막 전투로 유명한데, 이 전투에는 두 나라의 영웅 계백과 김유신이 등장한다. 당시 신라 최고의 장군 김유신과 백제를 지키는 마지막 수호신 계백의 싸움이라는 점만으로도 황산벌 전투는 사람들의 이목을 집중시키기에 충분하다.

신라는 김유신을 앞세우고 김품일 등 뛰어난 장군과 군사, 화랑까지 무려 5만 병사를 이 전투에 투입했다. 신라로서는 반드시 이겨야만 하는 전투이기에 총력전으로 나선 것이다. 하지만 이 전투에 누구보다 참담한 심정으로 각오를 다지고 나온 인물은 백제의 장군 계백이었다.

당시 신라는 당나라와 손을 잡고 백제를 공격했는데 신라와 당 두 나라를 막아야 하는 백제 입장에서 황산벌 전투는 처음부터 불리한 싸움이었다. 더욱이 백제 의자왕의 잘못된 판단으로 이미 너무 많은 군사를 잃었기에 백제가 이기는 것은 사실상 불가능했고, 누구보다 계백이 이 사실을 가장 잘 알고 있었다.

결국 계백에게 주어진 군대는 결사대 5천 명이 전부였으며, 이는 김유신이 이끄는 신라 군대의 10분의 1 규모에 불과했다. 물론 군사의 수가 적다고 해서 늘 지는 것은 아니다. 고구려의 군대는 적은 수로도 중국 수나라와 당나라의 군대를 연이어 격파하며 승리를 지켜 냈다. 이렇게 적은 수의 군대로 승리하기 위해서는 몇 가지 조건이 필요한데 그중 하나가 지형이다. 고구려가 수

나라와 당나라 군대를 물리칠 때도 그랬고 역사 속에 전해지는 유명한 전투들은 모두 지형을 이용해 승리한 전투다.

사실 백제에게도 기회는 있었다. 백제의 충신으로 알려진 성충은 신라와 전쟁이 일어날 것을 예상하며, 전쟁이 일어날 경우 적군이 육로로 오면 탄현(지금의 충청남도 대덕)을 넘지 못하게 해야 하고 바다를 통해 쳐들어오면 기벌포(지금의 충청남도 서천군 장항 일대)를 들어오지 못하게 해야 한다고 조언했다. 충신 흥수 역시 같은 말을 했다. 흥수는 왕의 잘못을 지적하다가 미움을 사 궁에서 쫓겨난 상태였다. 흥수는 탄현에서 신라군을 저지해야 한다고 제안했으나, 의자왕은 성충과 흥수의 의견에 귀 기울이지 않았다. 결국 수도 사비까지 함락될 위기에 빠지자, 계백에게 결사대 5천 명을 주며 막으라고 지시했다.

이런 배경 아래 시작된 싸움이 황산벌 전투다. 황산벌은 지금의 충청남도 논산시 연산면 일대 벌판으로 주변에 이용할 수 있는 지형이 전혀 없는 허허벌판이다. 바로 그곳에서 계백은 승리를 다짐하며 신라군에 맞섰지만 계백도 김유신도 이 싸움이 신라의 승리로 끝날 수밖에 없다는 사실을 잘 알고 있었다. 문제는 백제군이 얼마나 버티느냐였는데 그 부분에서 김유신과 계백의 생각이 달랐다.

가족을 죽이고 전쟁에 나선 계백

기록에 따르면 계백은 황산벌 전투에 나서기 전 부인과 딸을 자기 손으로 죽이고 전쟁에 임했다고 한다. 황산벌 전투의 결과는 안 봐도 뻔하고 그곳에서 지면 백제의 멸망은 당연한 것이니, 자신의 가족이 신라군에게 죽임을 당하거나 살아서 노비가 되느니 차라리 자신의 손에 죽는 것이 낫다고 판단한 것이다. 물론 이런 계백의 결정을 두고 옳고 그름에 관해 여러 의견이 있을 수 있으나 그만큼 절체절명의 각오로 전쟁에 임했음이 분명하다.

이 같은 계백의 행동을 알게 된 부하들의 심정은 어땠을까? 아마 살아서 돌아갈 생각을 하는 병사는 단 한 명도 없었을 것이다. 백제군의 힘이 바로 여기에 있었다. 신라군에 비해 모든 조건이 불리하지만 전쟁에 임하는 의지와 각오만은 어떤 군대보다 높았다.

반면 신라군의 의지는 백제의 결사대를 따라갈 수 없었다. 신라군은 자신들이 이 전쟁에서 얼마나 유리한지 잘 알고 있어 시간만 끌어도 승리할 수 있음을 직감하고 있었다. 이것이 신라의 군대를 해이하게 만들었다. 신라군 입장에서는 대충 싸워도 이길 수 있는 싸움이니 그들은 황산벌 전투를 가볍게 여겼다.

객관적인 전력에서는 백제군이 밀리는 상황이었다. 그러나 백제의 군대는 죽을 각오로 목숨이 다하는 마지막 순간까지 절대 물러나지 않겠다는 심정으로 전쟁에 임한 한편, 신라의 군대는 빈약한 백제군을 보며 소풍 나온 것처럼 즐겁게 싸워 주겠다는 느낌으로 전쟁을 치렀다. 결국 전쟁에 임하는 서로 다른 자세 때문에 초반 전투에서 백제가 승리하고 신라가 밀리는 예상외의 결과가 빚어졌다.

백제군에 패하며 당황한 신라군은 사기가 떨어졌고, 전쟁의 주도권은 완전히 백제로 넘어가는 듯 보였다. 이때 등장한 인물이 관창이다. 열다섯의 나이로 두 번이나 홀로 적진에 뛰어든 화랑의 죽음은 단순한 전사가 아니라 전쟁의 흐름을 바꾼 중대 사건이 된 것이다.

결과를 알면서도 최선을 다하다

관창의 죽음 이후 신라 군대의 전쟁 의지는 다시 솟구쳤고 드디어 황산벌 전투에서 승리를 거두었다. 계백은 가족까지 죽이고 전쟁에 나설 정도로 각오를 다졌지만 결국 장렬하게 전사하며 생을 마감했다.

모든 전쟁에는 승자와 패자가 있기 마련이고 패배하고 죽음을 맞은 장군은 무수히 많다. 그런데도 유독 계백이 돋보이는 까닭은 끝까지 최선을 다한 그의 자세 때문이다. 누가 보아도 뻔한 결과, 뒤집을 수 없는 운명 앞에서 대부분의 사람은 약해지는 법이고 그런 순간과 맞닥뜨리면 자신의 안위부터 찾는 게 당연하다.

계백은 달랐다. 아무리 열심히 싸워도 이길 수 없음을 알면서도 자신의 본분에 최선을 다했다. 미리 항복할 수도 대충 싸우는 흉내만 낼 수도 있었을 것이다. 그리고 항복했더라면 신라에서 관직을 받고 편안히 지낼 수 있었을지도 모른다. 그러나 계백은 자신이 해야 할 일을 그저 묵묵히 수행했다. 그것이 곧 죽음에 이르는 길인 줄 알면서도⋯⋯. 아마도 이런 점 때문에 많은 사람이 오늘날까지 계백을 기억하고 존경하는 것이 아닐까?

의자왕에게는 정말 3천 궁녀가 있었을까?

오늘날에도 흔히 이성에게 인기 있는 사람을 의자왕이라고 할 정도로 의자왕이라는 호칭에는 이성을 지나치게 좋아한다는 의미가 포함되어 있다. 의자왕이 3천 궁녀를 거느렸다고 전해지는 이야기 때문이다. 그런데 백제의 마지막 왕 의자왕에게 정말 그렇게 많은 궁녀가 있었을까?

온화하고 효심 깊은 의자왕

의자왕은 무왕의 첫째 아들이다. 무왕은 아이들에게 〈서동요〉를 부르게 하여 신라 선화 공주를 아내로 맞이한 서동이다. 무왕에게는 아들이 여럿 있어 후계자를 정하는 데 어려움을 겪었다고 한다. 그런데 의자왕을 후계자로 정한 것은 그가 맏아들인 데다가 행실이 반듯하다고 소문이 자자할 정도로 평판이 좋았기 때문이다.

오늘날 많은 사람이 의자왕을 왕답지 못한 왕으로 알고 있지만 의자왕은 어린 시절 '해동의 증자'라고 불릴 정도로 성품이 온화하고 효심이 지극했다고 한다. 공자의 제자 중 한 사람인 증자는 부모님을 극진히 모시며 효심이 깊었던 사람으로 알려져 있다. 의자왕은 그런 증자에 비유될 정도로 부모님께 정성을 다하고 행실 또한 발랐으며 겸손하기 그지없어 주변 사람들로부터 칭찬을 받는 인물이었다.

그리고 왕위에 오른 후에도 특유의 정치력으로 백제를 안정되게 잘 다스렸다. 신라와의 연이은 전투에서 승리하여 신라 땅 일부를 빼앗으며 주변 나라와의 관계도 원만하게 유지했다. 원래부터 가깝던 일본과는 계속 친선 관계를 유지하고 중국의 당나라에는 조공을 하면서 서로 협조했다. 또한 고구려와 친하게 지내며 신라를 공격할 때 힘을 모으기도 했다.

이상의 내용을 볼 때 의자왕은 성군의 모습을 충분히 갖추고 있다. 하지만 이런 의자왕의 모습은 잘 알려져 있지 않다. 오히려 의자왕은 백제를 망하게 한 왕이자 사치와 향락을 즐긴 몹쓸 왕으로 더 많이 알려져 있다. 어떻게 된 일일까?

흔들리는 통치, 분열하는 나라

집권 초기 의자왕의 통치는 여느 왕들의 통치에 절대 뒤지지 않아 삼국이 서로 싸우는 혼란한 시기임에도 지혜를 발휘해 나라를 안정되게 다스렸다. 하지만 집권 기간이 길어짐에 따라 의자왕의 통치는 흔들리기 시작했다.

사료에는 의자왕이 궁을 수리하는 데 어마어마한 돈을 쓰고 궁녀들과 즐기고 놀며 술을 마시느라 시간과 돈을 낭비했다는 기록이 있다. 또한 아들과 친척에게 관직과 땅을 주고 그곳의 백성들을 마음대로 부릴 수 있게 했다고도 전해진다. 그런데 의자왕이 이렇게 변하게 된 정확한 까닭은 알려져 있지 않다. 나쁜 여인에게 빠져서 변했다는 이야기가 있는가 하면 왕권이 안정되자 정치를 소홀히 했다는 의견도 있지만 무엇이 맞는지는 알 수 없다.

확실한 것은 의자왕의 정치가 흔들리면서 백제도 함께 흔들렸다는 사실이다. 어느 시대나 폭군은 등장하기 마련이고 모든 왕이 정치를 잘할 수는 없다. 그러나 의자왕이 집권한 당시는 삼국이 치열하게 싸우던 시기로 잠깐의 흔들림이 나라의 멸망으로 이어질 수 있었다.

사치와 향락을 일삼고 친인척에게 혜택을 주는 식으로 정치의 방향이 바뀌자, 귀족들은 의자왕의 정치에 반발하고 지배층은 분열하기 시작했다. 백성들의 생활은 점점 엉망이 되어 갔고 백제의 국력은 급격히 쇠약해졌다.

사비성 함락, 백제 멸망하다

삼국이 서로 치열하게 싸우는 가운데 가장 사이가 좋지 않은 두 나라는 바로 신라와 백제였다. 신라 진흥왕이 백제 성왕을 배신하고 한강 유역을 전부 차지한 뒤 백제는 신라를 끊임없이 공격했고, 백제의 공격에 시달리는 신라로서는 백제가 작은 틈만 보여도 이를 기회로 삼아 백제의 괴롭힘에서 벗어나고자 했다. 이런 상황에서 의자왕으로 인해 백제가 흔들리자 신라는 기회를 놓치지 않았다.

신라는 당나라와 손잡고 백제에 쳐들어왔다. 당나라의 장군 소정방은 13만 대군을 이끌고 서해안을 통해 백제로 들어왔고, 신라 장군 김유신이 이끄는 신라의 5만 군대는 백제의 동쪽에서 쳐들어왔다. 신라가 쳐들어왔을 때 의자왕 주변에는 부패하고 무능력한 관리들만 득실거리고 있었다. 의자왕의 정치를 바로잡고자 잘못을 지적한 충신들은 모두 쫓겨난 상태였다.

사태가 긴박해지자 의자왕은 쫓아낸 신하 흥수를 다시 불러들

충청남도 공주시에 있는 백제의 성곽 공산성. 의자왕이 몸을 피한 이곳은 백제 당시에는 웅진성으로 불리다 고려 시대 이후에는 공산성으로 불렸다. 수도 웅진을 수비하기 위해 여러 성을 쌓은 동성왕 때 지어진 것으로 추측된다(그림 24).

여 신라에 맞설 방법에 관해 조언을 구했다. 흥수는 탄현이 뚫리면 막을 길이 없으므로 탄현에서 신라군을 막아야 한다고 주장했다. 그러나 흥수의 의견은 다른 신하들의 반대로 받아들여지지 않았고 신라군은 별 어려움 없이 탄현을 넘어 백제의 수도 사비를 향해 진격해 왔다.

이에 의자왕은 계백에게 결사대 5천 명을 이끌고 신라군에 맞서도록 했다. 황산벌에서 신라군과 맞선 계백의 군대는 신라 군대 5만 명의 10분의 1밖에 안 되는 적은 수였지만 초반 네 번의 접전에서 모두 승리하며 신라군의 진입을 막아 냈다. 그렇지만

이 싸움은 처음부터 승부가 정해진 것이나 다름없었다. 강이나 계곡, 산 같은 지형을 이용할 수 없는 허허벌판 황산벌에서 5천의 군대가 5만의 군대에 맞서 네 번이나 이긴 것 자체가 기적이다. 결국 백제군은 최종적으로 패하고 말았으며 계백은 전사했다.

마지막 방어선이 무너지자 신라의 군대는 백제의 수도 사비성까지 한달음에 달려갔고 이런 신라 군대를 막을 방법은 아무것도 없었다. 의자왕은 웅진성으로 대피했지만 곧 항복했고 백제는 멸망했다.

3천 궁녀를 둘러싼 진실

의자왕에게 백제 멸망의 큰 책임이 있는 것은 당연하다. 즉위 초반 잘하던 정치는 중반 이후 급격히 무너졌고 이 같은 정치적 혼란이 백제의 패망으로 이어졌으니 백제 멸망의 가장 큰 책임은 의자왕에게 물어야 할 것이다.

하지만 이런 점을 감안하더라도 의자왕에 대한 평가가 실제보다 좋지 않은 것 또한 사실이다. 특히 3천 궁녀 이야기는 의자왕이 정치는 안 하고 매일 궁녀들과 놀기만 했다는 것을 강조하는 이야기다. 더욱이 이 3천 명의 궁녀가 백제 멸망 후 모두 강물로 뛰어들었는데 그 모습이 멀리서 보기에 꽃이 떨어지는 것 같았다고 하여 강물로 뛰어든 바위를 낙화암이라고 부른다는 전설까지 전해지고 있으니 이 이야기는 더욱 사실처럼 느껴진다.

그러나 이를 사실로 보기에는 무리가 있다. 일단 3천 명이라는 숫자 자체가 문제다. 백제의 수도 사비의 인구는 5만 명 정도로 추측된다. 사비 전체 인구가 5만 명인데 3천 명이 궁녀라고 하면 사비 사람의 18분의 1이 궁녀인 셈이다. 그게 사실이라면 사비 사람 18분의 1은 왕이 살고 있는 성 안에 모여 북적대며 살았고, 게다가 그들 모두가 왕의 궁녀였다는 소리다. 또한 왕이 살고 있는 궁성 밖의 여성은 대부분 어린아이거나 할머니여야 한다. 3천 궁녀 이야기는 이렇게 이치상 맞지 않는 것이다.

보통 궁녀는 인구와 비례하는 경우가 많고, 왕권이 강할 때 궁녀의 수도 많아지는 것이 일반적이다. 백제보다 인구가 훨씬 많았던 조선 시대에도 궁녀의 수가 가장 많을 때 600명 정도였다고 한다. 이런 점을 생각해 볼 때 의자왕이 3천 궁녀를 거느렸다는 것은 사실이 아닐 가능성이 크다.

그럼 3천 궁녀 이야기는 왜 나온 것일까? 일단 '3천'이라는 숫자는 정확히 3천 명을 뜻하는 것이 아니다. 우리가 평소에 말을 잘 알아듣지 못하는 친구에게 100만 번도 더 말했다고 핀잔을 주는데, 그것은 정말로 숫자 100만을 의미하는 게 아니라 '매우 많다'는 뜻의 비유적 표현이다. 의자왕의 3천 궁녀도 바로 그러한 개념이다. 정말 궁녀가 3천 명이었다는 것이 아니라 다른 왕들보다 궁녀가 많았다는 점을 강조한 것이 3천 궁녀가 된 것이다.

그렇다면 왜 이 이야기가 사실인 것처럼 소문난 것일까? 정확한 이유는 알 수 없지만 의자왕에 대한 좋지 않은 이야기와 기록들은 대부분 신라 입장에서 쓴 것이라는 점을 고려해야 한다. 앞에서 보았듯이 당시 신라와 백제 사이는 악화되어 있었기에 신라 입장에서 백제의 마지막 왕을 깎아내리는 것은 지극히 당연하다. 이런 점을 고려해 볼 때 의자왕을 폄하하는 방법 중 하나로 3천 궁녀 이야기를 택했고, 이 이야기를 사실처럼 보이게 해서 의자왕이 정치는 안 하고 궁녀들과 즐기기만 했다는 것을 강조했을 가능성이 크다.

의자왕이 정말로 집권 말기에 향락에 빠져 정치보다는 궁녀들과 놀기를 좋아했는지 사실 여부를 확인할 길은 없다. 문제는 3천 궁녀 이야기처럼 실제보다 과장되고 왜곡된 기록들이 얼마든지 더 있을 수 있다는 점이다. '해동의 증자'라고 불리며 성군의 역량을 지닌 의자왕이 삼국이 격돌하는 긴장된 국제 정세 중에 갑자기 돌변하여 폭군이 되었다는 점은 사실 납득하기 어렵다. 이런 점을 감안할 때 의자왕에 대한 기록은 멸망한 백제를 깎아내리기 위한 목적하에 이루어졌다고 가정해 볼 수 있다.

이처럼 의자왕에 대한 기록과 소문이 잘못된 것이 많다 하더라도 의자왕이 백제를 지켜 내지 못한 것은 사실이다. 능력 부족 때문이었는지, 부패한 신하들 때문이었는지, 아니면 정말 사치와 향락 때문이었는지는 알 수 없지만 백제를 멸망에 이르게 한 것은 의자왕이다. 어쨌거나 의자왕의 정치 실패로 백제는 신라에 넘어갔고 역사에서 사라지게 되었다.

신라는 삼국을
통일하고도 왜 한반도
남쪽만 차지했을까?

진흥왕이 등장하기 이전까지 신라는 삼국 중 가장 후진국이었고 문화적으로나 군사적으로 다른 나라의 도움을 받아 온 나라였다. 하지만 진흥왕이 한강 유역을 차지하고 나서 신라는 급속히 발전했고 고구려나 백제가 견제하는 나라가 되었다. 물론 신라의 한강 유역 확보는 그만큼 국력 신장에 도움을 주었지만 그 대가 역시 치러야만 했다.

한강 유역을 확보하는 과정에서 백제를 배신한 신라는 앙갚음을 하려는 공격에 끊임없이 시달려야 했고 고구려로부터는 한강 유역을 내놓으라는 끈질긴 압력을 받았다. 결국 고구려와 백제 모두로부터 공격을 받게 된 신라는 공격해 오기를 기다리느냐, 먼저 선수를 치느냐 둘 중 하나의 선택을 해야만 했다.

당나라와 손잡은 신라

국력이 이전보다 강해졌다고는 하지만 신라 혼자 고구려와 백제를 상대할 수는 없었다. 게다가 만약 고구려와 백제가 손잡고 신라를 공격해 올 경우 꼼짝없이 당할 수밖에 없는 처지였다. 이렇듯 고구려와 백제 모두와 사이가 악화된 신라로서는 자신의 편을 들어줄 수 있는 동맹국이 필요했다. 이때 눈에 들어온 것이 중국의 당나라다.

당시 당나라는 한반도 북부 지역으로 세력 범위를 확장하려는 야욕을 지니고 있었다. 그런데 그 계획은 고구려와의 전쟁에 패하면서 사실상 무산되었다. 그럼에도 당나라는 여전히 땅을 넓히려는 욕심을 버리지 못하고 있었다.

이런 당나라의 심리를 잘 알고 있던 신라는 두 나라가 손잡고 백제와 고구려를 물리치자며 연합을 제안했다. 이 제안에 당나라는 솔깃할 수밖에 없었다. 혼자서는 고구려에 맞설 수 없지만 신라와 함께라면 가능해 보였다. 이렇게 하여 신라와 당나라의 나당 연합이 이루어졌다. 백제와 고구려가 연합하여 신라를 공격할지도 모르는 상황 속에서 신라는 공격받는 쪽보다 공격하는 쪽을 택했다.

당나라와의 연합에 가장 큰 공을 세운 사람은 김춘추다. 김춘추는 뛰어난 외국어 실력과 말솜씨로 당나라의 손을 잡는 데 성공했으며 영토에 대한 합의도 이루어 냈다. 백제와 고구려가 멸망할 경우 평양을 기준으로 아래쪽은 신라가, 위쪽은 당나라가 통치하기로 합의한 것이다. 어떤 사람들은 신라가 삼국을 통일하고도 북쪽 땅을 차지하지 못한 이유를 궁금해하는데 사실 그것은 신라와 당나라가 연합을 할 때부터 합의한 내용이다.

이제 두 나라의 연합은 이루어졌다. 남은 것은 백제와 고구려를 공격하는 일뿐이었다.

백제와 고구려의 멸망

신라와 당나라의 연합이 이루어졌지만 먼저 공격해야 할 나라에 대한 신라와 당의 생각은 서로 달랐다. 신라는 백제의 끈질긴 공격에 시달리고 있던 터라 백제와의 전쟁이 시급한 상황이었다. 사실 김춘추는 당나라에 손을 내밀기 전에 고구려에 도움을 요청했었다. 신라로서는 백제만 막을 수 있다면 자신의 파트너가 고구려건 당나라건 상관없었다. 그러나 고구려로부터 거절당하자 하는 수 없이 당나라를 찾아간 것이다.

반면 당나라가 물리치고 싶은 나라는 고구려였다. 당나라는 여전히 고구려 땅에 욕심이 있었고 혼자서는 힘들어도 신라와 힘을 합한다면 고구려를 물리칠 수 있을 것이라고 생각했다. 그러나 먼저 쳐들어간 곳은 백제였다. 나당 연합에서 신라의 역할이 더 중요하다 보니 신라의 의견이 우선하여 반영되기도 했지만 고구려보다는 백제가 약한 나라여서 택한 결과기도 하다.

예상은 적중했다. 백제는 신라와 당나라의 연합 공격을 막아 내지 못하고 의자왕이 항복하면서 끝내 멸망하고 말았다. 문제는 고구려였다. 백제가 멸망한 뒤 나당 연합군은 고구려를 공격했지만 연개소문이 지키고 있는 고구려는 쉽게 무너지지 않았다. 660년 백제가 항복한 이후 무려 6년 동안 공격을 펼쳤음에도 고구려는 끄떡도 하지 않았다.

그러나 666년 연개소문이 죽자 고구려에 위기가 찾아왔다. 연개소문의 세 아들 남생, 남건, 남산은 서로 권력을 차지하기 위해 다투었고 연개소문의 동생 연정토까지 여기에 끼어들자 고구려의 정치는 분열되기 시작했다. 결국 연정토는 신라에 땅과 백성을 내주며 투항했고 남생은 당나라로 망명했다.

연개소문의 죽음으로 백성들이 우왕좌왕하는 사이 지도층에 내분이 일자 고구려의 국력은 극도로 쇠약해졌다. 이를 기회로 삼아 김인문이 이끄는 신라 군대와 이적, 설인귀가 이끄는 당나라 군대가 고구려 평양성으로 쳐들어왔다. 나당 연합군은 평양성을 쉽게 포위했고 고구려의 마지막 왕 보장왕이 항복하면서 고구려는 끝내 역사에서 사라지게 되었다.

당나라의 야욕으로 시작된 나당 전쟁

백제와 고구려의 멸망으로 신라와 당나라는 각자 목표한 바를 달성했다. 신라는 더 이상 백제의 집요한 공격에 시달릴 걱정을 하지 않아도 되고 당나라는 그간 패배를 안겨 준 고구려에 대한 복수에 성공했다. 이제 모든 일이 끝난 것 같았지만 당나라의 생각은 달랐다. 이왕 이렇게 된 거 한반도 전체 즉 신라 땅까지 차지하고 싶은 욕심이 생긴 것이다.

당나라는 고구려와 백제 땅뿐만 아니라 신라 땅에도 당나라 관청을 설치하고 한반도 전체를 통치하려 들었다. 이런 당나라의 야욕에 신라 사람들뿐만 아니라 멸망한 고구려 사람들까지 나서서 대항했다. 신라는 고구려 부흥 운동을 벌이는 고구려 유민과 손잡고 당나라에 맞섰다. 실로 기이한 일이 벌어진 것이다. 어제까지 적으로 싸우던 사이였는데 다시 나라를 세워 보겠다는 고구려 부흥 운동을 신라 사람들이 도와주는 모양새가 되었다.

얼핏 보기에 말도 안 되어 보이는 이 일이 가능했던 이유는 삼국이 하나의 민족이었기 때문이다. 비록 전쟁을 하고 망하게 했지만 다른 나라가 우리 땅으로 와서 통치하는 일만큼은 결코 두고 볼 수 없었던 것이다. 이런 이유로 당나라는 쉽게 한반도를 통치하지 못했다.

결국 고구려가 멸망한 후 당나라와 신라는 한반도의 지배권을 놓고 전쟁을 벌였다. 이 나당 전쟁은 무려 7년이나 지속되었는데 기벌포와 매소성 싸움에서 신라가 크게 이기면서 당나라는 한반도 지배를 향한 욕심을 포기해야만 했다. 이에 신라는 처음 약속대로 평양 이남 땅을 통치 지역으로 만들 수 있게 되었다.

신라, 마침내 삼국을 통일하다

많은 사람이 신라가 삼국 통일을 한 것을 아쉬워한다. 신라가 통일 과정에서 고구려의 많은 땅을 잃어버렸기 때문이다. 물론 삼국의 땅을 하나도 잃지 않고 통일했다면 훨씬 좋았을 것이다. 하지만 당시 신라가 원한 것은 넓은 땅을 통치하는 게 아니라 전쟁을 치르는 괴로움을 겪지 않는 평화와 안정이었다. 결국 이 목표는 통일을 통해 이루었다고 볼 수 있다. 실제로 신라는 통일 이후 문화적·정치적으로 크게 성장하면서 1천 년 신라 역사 가운데 가장 발전된 시기를 맞이한다.

그리 강하지 않았던 신라가 삼국을 통일할 수 있었던 것은 지배층의 단결, 뛰어난 외교력, 발전을 거듭해 가는 정치적 능력 덕분이었다. 백제의 의자왕이 충신들을 내쫓으며 멸망을 자초하고 고구려가 연개소문 사후 분열되었던 반면, 신라는 지배층이 힘을 모아 통일을 준비했다. 또한 국제 정세를 정확하게 파악하여 당나라와 연합을 꾀했으며 제도적으로 발전을 거듭하면서 넓은 땅을 효율적으로 통치해 나갈 준비를 했다.

비록 삼국 중 발전이 가장 더딘 신라였지만 가장 중요한 위기의 순간에 단합된 모습으로 삼국 통일의 위업을 달성한 것이다.

고구려 유민이 만주에 세운 발해

신라의 삼국 통일이 평양 이남 지역에 그치면서 고구려 땅이던 한반도 북부와 만주 지역은 우리 민족의 무대에서 사라지는 듯했다. 그러나 그 지역에 우리 민족의 새로운 나라인 발해가 건국되었다. 발해는 당나라로 강제 이주된 고구려 사람들 중 일부가 말갈족과 함께 탈출해 만주 동부 지역에 세운 나라로, 기록에는 대조영이 중심이 되어 동모산에 세웠다고 나와 있다.

발해는 다른 나라와 주고받은 편지에서 스스로를 '고려'(옛 고구려의 명칭)라고 칭하며 고구려의 후손임을 당당하게 밝혔다. 여기에는 매우 큰 의미가 담겨 있다. 많은 사람이 신라의 삼국 통일로 잃어버렸다고 생각하는 만주 지역에 발해가 들어서면서 만주는 여전히 우리 민족의 땅으로 존재한 것이다.

이후 발해가 거란족에게 망하면서 만주 땅이 우리 민족의 역사에서 사라졌으나, 발해가 통치하던 시기까지 만주는 당당히 우리 민족이 지배하는 땅이었다.

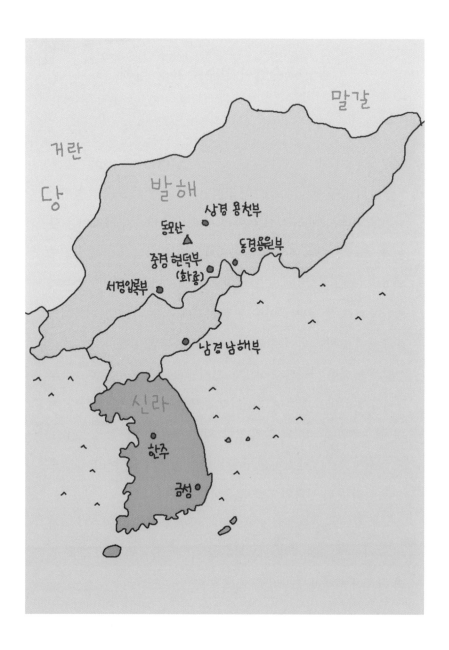

말갈

거란

당

발해

상경 용천부

동모산

중경 현덕부
(화룡)

동경용원부

서경압록부

남경 남해부

신라

한주

금성

맺음말

많은 사람이 꼭 갖고 싶어 하는 물건이자 오래전부터 지금까지 수많은 과학자가 발명하고 싶어 하는 것 중 하나가 타임머신이다. 타임머신을 소재로 한 영화나 소설이 끊임없이 나올 정도로 시간 여행은 많은 사람의 오랜 꿈이었다. 그것은 어쩌면 '옛날 사람들은 어떻게 살았을까?'라는 호기심에서 비롯된 이유 있는 소망인지도 모른다.

우리가 과거 사람들의 생활에 관심을 갖는 것은 현재 우리의 모습이 과거로부터 이어져 왔기 때문이다. 이것이 바로 우리가 역사를 배우는 이유이자 중요시하는 까닭이다. 우리가 현재 생활과 전혀 상관없어 보이는 사극이나 역사 소설을 보며 흥미를 느끼는 것 또한 어쩌면 지금의 우리를 있게 한 역사에 대한 무의식적인 끌림 때문이 아닐까?

이러한 역사의 중요성에도 불구하고 최근 몇 년간 우리 교육계에서는 공부하기 어렵다는 이유만으로 많은 학생이 역사를 외

면해 왔다. 다행히 최근 한국사 공부의 중요성이 부각되고 여러 시험에서 필수 과목이 되면서 역사 공부에 관심이 집중되고 있다. 그렇지만 여전히 역사는 무조건 외워야 하고 이해하기 어려운 공부라고 생각하여 부담스러워한다.

하지만 역사는 결코 어렵거나 귀찮은 과목이 아니다. 역사는 학교에서 배우는 교과목이기 이전에 우리의 삶 자체다. 이 책에서 다룬 선사 시대부터 삼국 시대까지의 역사 인식은 사실의 암기를 통해 지식으로 알기 이전에 당시 상황을 이해하며 감정적으로 공감하는 것에서 시작된다. 이어지는《재밌어서 밤새 읽는 한국사 이야기 2》부터 시작되는 남북국 시대 이후의 이야기 역시 지식이 아닌 공감으로 접근해야 더 잘 보이고 더 제대로 이해할 수 있다.

우리가 배우는 역사가 비록 과거의 사실일지라도 실은 매 순간이 역사라는 점을 생각하면 우리는 역사 속을 살고 있다고 말할 수 있다. 역사는 학교에 다니면서 잠깐 배우고 마는 과목이 아니라 인생 전체의 길잡이 역할을 하는 세월의 지혜이다. 이러한 역사의 의미를 기억하고, 이 책을 보면서 그간 역사가 어려웠던 사람들 모두 역사를 좀 더 쉽고 재미있게 느꼈으면 하는 바람을 가져 본다.

그림 목록

재밌어서 밤새 읽는
한국사 이야기 1

초판 1쇄 발행 2014년 11월 21일
개정증보 1판 1쇄 발행 2022년 8월 19일
개정증보 1판 2쇄 발행 2022년 11월 1일

지은이 박은화

발행인 김기중
주간 신선영
편집 민성원, 정은미, 백수연
마케팅 김신정, 김보미
경영지원 홍운선
펴낸곳 도서출판 더숲
주소 서울시 마포구 동교로 43-1 (04018)
전화 02-3141-8301
팩스 02-3141-8303
이메일 info@theforestbook.co.kr
페이스북 · 인스타그램 @theforestbook
출판신고 2009년 3월 30일 제2009-000062호

© 박은화, 2022

ISBN 979-11-92444-13-0 04910
      979-11-92444-12-3(세트)

부모님들과 선생님들의 변함없는 선택!
가장 재미있는 청소년 학습 필독서

<재밌어서 밤새 읽는> 시리즈

<재밌밤> 시리즈는 계속됩니다

미래창조과학부인증 우수과학도서, 한우리독서올림피아드 추천도서, 한국과학창의재단 우수과학도서, 2020년 청소년 북토큰 선정 도서, 학교도서관저널 추천도서, 한우리열린교육 추천도서, 경기중앙교육도서관 추천도서, 한국출판문화산업진흥원 청소년 권장도서, 서울시교육청도서관 추천도서, 정독도서관 청소년 추천도서, 행복한아침독서 추천도서, 김포시립도서관 청소년 권장도서, 경상남도교육청 김해도서관 사서 추천도서, 하루10분독서운동 추천도서 외 다수 선정